약국의
스타트업
코칭 커뮤니케이션

노로세 타카히코

약국의 스타트업 코칭 커뮤니케이션

초판 1쇄 인쇄 2019년 1월 3일
초판 1쇄 발행 2019년 1월 10일

지은이	노로세 타카히코(野呂瀬 崇彦)
발행인	정동명
발행처	㈜동명북미디어 도서출판 정다와

번역	박현아
책임 편집	김연순
디자인	이현주
인쇄소	㈜타라티피에스

주소	서울시 서초구 동광로 10길 2 덕원빌딩 3층
전화	02)3481-6801
팩스	02)6499-2082
홈페이지	https://jungdawabook.wixsite.com/dmbook
블로그 주소	https://blog.naver.com/jungdawabook1
출판신고번호	2008-000161

ISBN 978-89-6991-022-6 93320
정가 15,000원

Original Japanese title: YAKKYOKU DE KATSUYOU SURU COACHING·COMMUNICATION
Copyright © 2006 Takahiko Norose
Original Japanese edition published by Jiho, Inc.
Korean translation rights arranged with Jiho, Inc.
through The English Agency (Japan) Ltd. and Eric Yang Agency, Inc, Seoul, KOREA

「이 도서의 국립중앙도서관 출판예정도서목록(CIP)은 서지정보유통지원시스템 홈페이지(http://seoji.nl.go.kr)와 국가자료공동목록시스템(http://www.nl.go.kr/kolisnet)에서 이용하실 수 있습니다.(CIP제어번호: CIP2018033585)」

약국의 스타트업
코칭 커뮤니케이션

노로세 타카히코

정다와

창구에서 환자와 이야기를 할 때 '정말 이걸로 괜찮은 걸까?' 라고 자신의 복약 지도에 의문을 가진 적이 있지 않은가요? 좁은 조제약국 안에서 사소한 문제가 일어날 때마다 '분위기가 안 좋네, 좀 더 기분 좋게 일할 수는 없는 걸까.'하고 한숨을 쉰 적은 없나요? "부하 직원을 육성하는 것이 중요하다!"라는 매니저의 격려를 받으면서 '그럼 어떻게 하면 되는 걸까?'라며 머리를 싸맨 적은 없나요? 그런 분들에게 꼭 추천하고 싶은 것이 '코칭'입니다.

익숙지 않은 단어라 '새로운 지도법인가?', '복약 지도 방법인가?'라는 의문을 갖는 분들도 계시겠지만 실은 리더십과 인재육성, 대인 서포트를 잘 하고 있는 사람들이 아주 당연하게 실천하고 있는 커뮤니케이션 방법입니다.

이러한 이해를 바탕으로 이 책의 타이틀을 '약국의 스타트업 코칭 커뮤니케이션'이라고 했습니다.

이렇게 말해도 감을 잡기가 어려울테니 구체적인 사례를 들어보겠습니다.

예를 들면 젊은 약사를 지도하는 상황입니다. "이 혈압약의 작용을 환자에게는 이렇게 설명해야 해. 부작용 설명 중에 이 이야기들은 꼭 해야 해."라며 지도하는 것은 '티칭'(가르치는 일)입니다. "이 혈압약을 환자에게 처방할 때 필요한 건 뭐라고 생각해?"라고 질문하여 상대가 생각하고 스스로 학습할 수 있도록 관여하는 것이 '코칭'입니다.

커다란 차이가 있지요. 맞습니다, '티칭'은 가르치는 사람에게 '답'이 있으며, 그것을 상대에게 전하는 방법입니다. 한편 '코칭'에서는 가르침을 받는 상대에게 '답'이 있으며, 그것을 질문으로 명확하게 나타냅니다. 즉, 상대의 '깨달음'을 유도하는 일이 코칭입니다.

여기에서 한 가지 의문이 생깁니다. "그렇지만 질문을 해도 상대가 모르면 결국 알려줘야 하잖아?"

실은 여기에 중요한 포인트가 있습니다. 그것은 상대의 '성장하려는 의지'입니다. 상대에게 성장하려는 의지가 없다면 아무리 '티칭'에 따라 지도를 해도 바로 잊어버리게 될 것입니다. 그러나 만약 상대에게 성장하려는 의지가 있다면 질문에 대답할 수 없더라도 "그러면 조사해 보겠습니다."로 이어질 수 있기 때문입니다.

코칭에서는 이 '상대의 의지'를 존중합니다. 이는 상대가 목표로 하는 방향성을 명확하게 하기 위한 관여도 포함된 보다 큰 서포트 개념입니다. 이 사고방식은 직원 육성뿐만 아니라 환자와의 커뮤니케이션에도 폭넓게 활용할 수 있습니다. 그래서 저는 코칭을 '상대의 자기실현을 서포트하는 커뮤니케이션 프로세스'라고 생각하고 있습니다.

지금 일본에서는 비즈니스계를 중심으로 코칭이 크게 확산되고 있습니다. 간호사를 비롯해 의료계에서도 주목받기 시작했지만, 약사 업무 속에서 코칭을 어떻게 활용할까에 대한 책은 아직 많지 않습니다. 8년밖에 안되지만 OTC약 판매와 조제에 관한 현장 경험을 바탕으로 코칭을 배우고 코치로 활동하면서 '코칭을 가르치면 분명히 약사에게 도움이 된다'고 믿게 되었습니다. 그 결과 '약사 사회에 코칭을 확대시키고 싶다'는 바람이 이 책으로 결실을 맺을 수 있게 된 점을 매우 기쁘게 생각합니다. 다행히도 2006년 4월부터 홋카이도약과대학에서 커뮤니케이션 교육을 담당할 기회를 얻었습니다. 이후 활동 영역을 약학교육과 연구로 넓히는 것을 다음 스텝으로 이어가고 싶습니다.

이 책은 코칭의 개념, 기본 프로세스, 스킬, 그리고 사례 소개 등의 내용으로 구성되어 있습니다. 가능한 한 '내일부터 당장 약국에서 실천해보자!'라고 생각할 수 있는 내용이 되도록 신경 썼습니다. 중간 중간에 약학적인 메타포(비유)를 사용해 코칭을 해설하고, 깊이 이해할 수 있도록 연구했습니다.

이 책을 통해 한 명이라도 더 많은 약사들이 코칭에 흥미를 갖고, 약국에서 활용하며 더 깊이 학습할 수 있는 계기가 되었으면 좋겠습니다.

이 책은 라노로지 주식회사의 혼마 마사토(本間正人) 씨가 집필할 수 있는 계기를 만들어 주셨으며, 콘셉트 단계에서부터 다양한 조언을 해주셨습니다. 또한 주식회사 지호의 나스 요진(那須庸仁) 씨에게는 제 생각을 책이라는 형태로 만들어 내는 데 필요한 귀중한 어드바이스를 많이 받았습니다.

제가 프리랜서로서 독립했을 때 세운 '5년 후에 약사를 위한 코칭 책을 출판한다'는 비전은 이 두 분을 비롯한 많은 분들 덕분에 2년이나 앞당겨 실현할 수 있었습니다. 그 배경에는 때때로 엄격하긴 하지만 항상 깊은 사랑으로 지켜봐 준 저 자신이라는 코치의 존재가 있었다는 점을 덧붙입니다.

이 자리를 빌려 여러분께 감사의 인사를 드립니다. 감사합니다.

노로세 타카히코

　그동안 '더 나은 약사, 더 행복한 약사'를 위해 필요한 것을 한결같이 준비하고 노력해왔습니다. 『약국의 스타트업 코칭 커뮤니케이션』이라는 책은 내가 그동안 노력해온 것의 목표에 더 빠르고 효과적으로 도달할 수 있는 방법을 가르쳐줍니다. 이 책에서 제시하는 '코칭'은 약사가 환자와의 관계를 통해 자신의 존재감과 가치를 높이면서 동시에 환자가 자립하는 데 도움이 되는 방법을 가르쳐줍니다.

　앞으로 4차산업시대에서 약사는 단순히 약을 조제해주는 것이 아니라 환자의 상담과 관리까지 해주어야 합니다. 헬스 컨설턴트, 헬스 코디네이터가 되어야만 하는 것입니다. 그동안 일본을 방문하여 약국시스템을 돌아보고 변화된 모습을 지켜보며 느꼈던 것도 바로 그것입니다.

　약사들이 이 책을 활용하여 환자에게 코칭을 실천하고 그것을 각자 SNS나 동영상으로 공유하는 것은 어떨까 하는 생각도 했습니다. 그러다 보면 한 사람도 빠짐없이 행복한 약사가 되지 않을까요. '코칭'은 단지 환자와의 관계에서뿐 아니라 약국 경영을 원활하게 하는 데 있어서도 꼭 필요한 것입니다.

양덕숙
약학정보원장
약학박사

4차 산업시대는 기계가 사람 일을 대신하여 많은 직업이 없어질 것이라고 합니다. 약사도 없어질 직업의 몇 번째 순위라고 하는데 어떻게 해야 하냐는 질문을 종종 받습니다. 저는, 약사라는 직업이 사라지는 것이 아니라 사라지는 약사가 있을 뿐이라고 단호하게 답합니다. 로봇약사가 대신하지 못하는 일을 사람약사가 할 것이니 살아남은 약사의 가치는 상대적으로 더 높아질 것이라고 한마디 덧붙이기도 합니다.

고객이 있는 모든 산업에서는 고객 만족을 넘어 고객 감동을, 고객 감동을 넘어 고객의 자아실현을 서비스 목표로 하고 있습니다. 약국에서의 서비스도 마찬가지입니다. 환자를 만나는 접점에서의 복약안내 서비스를 넘어서 환자가 약을 복용하는 기간 내내 약사가 가이드한 내용대로 잘 이행하고 있어야 진정한 복약 안내서비스라고 할 수 있을 것입니다.

이 책은 약사가 복약코치이자 건강코치로서 포지셔닝할 수 있도록 코칭 프로세스를 습득하여 약국 현장에서 활용하는 데 크게 도움이 될 것입니다. 경청−질문−제안−인정의 코칭 프로세스에 따라 약사가 가이드하고 제공한 정보로 환자가 스스로를 변화시킴은 물론이고 약국 직원을 효율적으로 관리하는 데도 참고가 될 것입니다.

주경미
더약솔루션 대표
약학박사

차 례

Part **3** ● 코칭의 마인드, 스킬, 프로세스

Part **4** ● 사례별 코칭 활용법

Part 1

지금이야말로 약사에게 코칭하라!

→ → →

비즈니스계를 중심으로 새로운 서포트 커뮤니케이션으로서 주목을 받고 있는 코칭. 최근에는 간호직을 중심으로 도입하는 의료기관도 늘어나고 있습니다. 조직의 활성화는 물론 환자와의 커뮤니케이션에서도 그 효과가 기대되고 있으나 약사의 세계에서는 아직 그 실태가 충분히 파악되지 않은 듯합니다. 여기서는 일단 코칭이란 무엇인지, 약사 업무에 어떻게 활용할 수 있을지에 대해 소개해 보겠습니다.

1 | 코칭이란 무엇인가?

약사를 대상으로 한 잡지나 서적 중에서 커뮤니케이션과 심리학을 주제로 한 것이 늘어나고 있습니다. 그중에 '코칭'이라는 말도 등장하기 시작했습니다. '코치'라는 말은 우리가 종종 들었지만 '코칭'이라고 하면 "그게 뭐야?"라고 묻는 사람들이 대부분입니다. 들어본 적은 있으나 실제로 어떤 것인지 잘 알지 못하는 사람들도 있을 것입니다. 그래서 일단 '코칭'이란 대체 무엇인지, 어떤 상황에서 어떻게 활용되고 있는지 소개해 보겠습니다.

■1 코칭의 어원은 '마차'

'코치'라고 하면 배구나 테니스에 관한 TV 애니메이션 때문에 친숙한 스포츠 코치를 떠올리는 사람들이 많을 것입니다. 이 '코치'라는 말은 도대체 어떻게 생겨났을까요.

'코치'란 원래 헝가리 어느 마을의 이름으로 그곳에서 만들어진 '마차'를 가리키는 말이었습니다. 영어에서는 본디 마차를 의미하였고 이 말이 '소중한 사람을 목적지까지 보낸다'라는 동사로써 사용되게 되었습니다.

이 마차는 고객을 태우는 타입으로 지금으로 말하자면 콜택시 같은 것이었다고 할 수 있습니다.

당연한 이야기지만 택시의 목적지는 손님이 정합니다. 그게 아니더라도 택시기사님은 "오늘은 바다까지 가고 싶으니 바다에 가지요."라고 손님에게 말하지 않습니다.

요즘 기사들은 "어느 길로 갈까요?"라고 물어보는 경우가 있습니다. 몇 개의 경로 중에서 "당신은 어떤 경로를 선택하시겠습니까?"라고 손님에게 확인하는 것입니다. 저는 귀찮아서 "한산하고 빨리 갈 수 있는 길로 부탁드립니다."라고 말하는데 상대도 이런 대답에 익숙한지 "으~음, 이 시간이라면 어느 쪽이든 마찬가지겠군요. 그렇다면, ○○거리로 가도 괜찮으십니까?"하고 또 확인합니다.

어디까지나 선택지는 손님인 저에게 있으며 그 결과, 만약 시간이 예상보다 많이 걸린다고 하더라도 그 책임은 저에게 있습니다.

물론 택시기사는 길을 선택한 사람이 손님이라고 해서 느릿느릿 운전하지 않습니다. 책임을 지고 소중한 손님을 목적지까지 안전하고 신속하게 모셔다드릴 수 있도록 최대한 노력합니다.

목적지, 목적지로 가기 위한 수단과 방법은 어디까지나 손님이 정합니다. 그 후에는 기사와 손님이 함께 목적지까지 갑니다. 손님이 정한 것에 대한 책임은 손님이 집니다. 이러한 의미에서 택시기사의 역할은 코치의 역할을 매우 잘 표현해 주고 있다고 생각합니다.

참고로 제가 종종 사용하는 말 중에는 '훈련'을 의미하는 '트레이닝(training)'이 있습니다. 이 말의 어원은 '궤도', '레일'을 나타내는 '트레인(train)'입니다. 그리고 보니 열차를 영어로 '트레인'이라고 하네요. 즉, '정해진 방법에 따라 나아간다'라는 의미입니다. 그러니 트레이너는 미리 정해진 프로그램에 따른 훈련을 지원하는 역할을 합니다.

또한 '가르친다'는 의미의 '티칭'이라는 말이 있습니다. 이 말의 어원은 '설교'를 의미하는 '프리치(preach)'입니다. 따라서 '티처'란 자신이 가진 지식과 경험을 가르치고 교육하는 사람을 가리키는 말이 됩니다.

코치도 상대를 서포트하는 사람이긴 하지만 어원을 거슬러 올라가 보면 그 역할이 다르다는 것을 명확히 알 수 있습니다.

2 스포츠와 코칭

코치라는 말이 스포츠에서 사용되기 시작한 것은 18세기 보트 경기의 지도자를 코치라고 불렀던 때부터라고 합니다. 그 후, 선수를 육성하는 사람을 일반적으로 코치라고 부르게 되었습니다.

스포츠 코치라고 하면 '호랑이 코치'라는 말이 떠오르듯이 꽤 엄격하다는 이미지가 있습니다. 확실히 기존의 스포츠 코치들은 자신이 선수 시절에 익힌 지식, 기술, 연습법을 유일무이한 방법으로 여기고 후배 선수에게 강요하는 방식을 취했었다고 합니다.

세세한 폼부터 트레이닝 방식, 식단까지 세심하게 관여하여 그대로 실행하기를 요구해 왔습니다. 선수도 그것이 제일 좋은 방법이라고 믿고, 또한 믿음을 강요받아 노력해 왔습니다.

물론 이 방법은 나름대로 성과가 나오긴 하지만 2가지 문제점이 있습니다.

먼저 첫 번째는 '선수는 코치 이상으로 성장할 수 없다'는 점입니다.

코치와 똑같은 방법으로 훈련해왔으니 목적지는 필연적으로 '코치 자신'이 되어버리기 때문입니다.

두 번째는 '코치에게 최선인 방법이 선수에게도 최선의 방법이라고는 할 수 없다'는 것입니다. 똑같은 사람은 세상에 단 한 명도 없는 것처럼 성과를 내는 방법은 천차만별일 것입니다. 그런데도 코치가 가르쳐주는 방법을 강요한 나머지, 선수 한 명 한 명이 본래 가진 능력을 발휘하지 못하고 결과적으로 "내 방식을 쫓아오지 못할 거라면 그만둬라!"라고 하는 상황이 되어 버립니다.

한편, 새로운 스타일의 코치가 늘어나고 있습니다. 1970년대에 어떤 테니스 코치가 "가르치는 것이 아닌, 선수 본인이 자신의 능력을 이끌어내도록 서포트한다."라는 코치 스타일을 세상에 알렸습니다.

세세하게 폼을 지시하지 않고, "지금 휘어진 공을 쳤을 때와 아까 똑바로 날아온 공을 쳤을 때, 뭐가 달랐어?"라고 물어봅니다. "공을 잘 보고 쳐라."라는 지시가 아닌, "지금 공을 치려고 했을 때, 공을 쫓는 눈이 어느 쪽으로 회전했지?"라고 물어봅니다. "어째서 패배한 거야?"라고 묻지 않고 "어떻게 하면 생각한 대로 할 수 있을까?"에 초점을 맞춥니다. 그리고 그것을 해내면 칭찬합니다. 몇 번이고 칭찬합니다. 그러면 선수는 무엇에 의식을 집중해야 하는지가 명확해져서 점점 자기 자신에게 맞는 폼으로 플레이할 수 있게 됩니다. 그 결과, 게임에서도 승리하게 된다는 그런 이야기입니다.

오늘날에는 골프 선수 타이거 우즈의 코치, 세계적으로 유명한 마라토너를 많이 배출해낸 육상 경기의 고이데 요시오 감독, 일본 프로야구팀 주니치 드래곤스의 감독 오치아이 히로미쓰 씨가 이러한 스타일의 코치라고 할 수 있습니다.

제가 살고 있는 홋카이도가 자랑하는 프로야구팀 니혼 햄파이터즈의 헤드 코치인 시라이 카즈유키 씨는 미국에서 코칭을 배워 코칭을 팀 운영의 축으로 삼고 있다고 합니다. 선수의 실수를 일절 지적하지 않고, 기자와 인터뷰를 할 때 항상 선수의 장점을 말하며, 시합에 패해도 그 시합에서 무엇을 배웠는지를 중시합니다.

처음에는 이러한 스타일이 "너무 안이하다!"며 야유를 받은 적도 있지만 만년 B클래스였던 팀을 2004년 A클래스로 진입시킨 실적이 그 성과를 입증해주고 있습니다. 같은 해 본거지를 삿포로로 옮겨 지역밀착형 스타일의 팬서비스를 했던 신조 쯔요시 선수를 비롯한 선수들이 훌륭한 퍼포먼스를 선보이고 생생한 플레이를 할 수 있었던 배경에는 선수의 자주성을 존중하고 자발적인 행동을 지지한 코칭이 커다란 역할을 했다고 생각합니다.

③ 비즈니스와 코칭

코칭이란 '상대는 상대 자신의 인생의 전문가다'라는 신념에 근거하여 '상대의 자기실현을 서포트하는 커뮤니케이션 프로세스'입니다. 오늘날 비즈니스 세계에서 코칭은 리더들에게 제일 주목받는 커뮤니케이션 방법이라고 해도 과언이 아닙니다. 앞서 언급한 테니스 코치는 그 후 미국의 AT&T라는 거대 통신회사에 컨설턴트로 참여했고, 코칭 방법을 기업에 정착시켜 커다란 성과를 거두었습니다. 이후 IBM 등 대기업이 매니지먼트에 코칭을 적극적으로 도입하여 계속해서 좋은 실적을 거두었습니다.

일본 기업에서 본격적으로 코칭을 도입해 대성공을 거둔 회사 중 하나로 닛산자동차가 있습니다. 1999년 카를로스 곤 씨가 닛산자동차의 경영을 맡은 이후, 대기업 병을 앓고 있던 닛산을 구해내려면 자립적인 사원의 육성이 필요하다고 판단하여 연수와 미팅을 통해 모든 관리직에게 코칭 매니지먼트를 정착시켰습니다. 곤 씨 본인이 '나는 닛산의 코치'라고 말하며 적극적으로 현장 사원들과 커뮤니케이션함으로써 사원들의 모티베이션을 향상시켰고, 실적을 극적인 V자로 회복시킨 일은 독자 여러분도 알고 계실 것입니다.

스포츠 세계와 마찬가지로 비즈니스에서도 기존의 '지시명령형'의 매니지먼트만으로는 급속하게 변화하는 비즈니스 환경에 대응할 수 없게 되었습니다. 고객의 니즈가 다양화하여 제품뿐만 아니라 서비스도 개별화가 이루어지고 있습니다. 현장에서 발생한 고객의 니즈를 그 자리에서 대응하기 위해서는 현장에 대한 권한위양과 함께 현장 직원이 '자발적으로 판단하여 행동'하는 태도가 요구됩니다.

그렇다고 해서 "모두 너에게 맡긴다. 책임은 네가 져라!"라며 모르는 척하는 '방임형' 자세를 취하면 모두가 결과를 무서워해 적극적으로 일하려하지 않습니다. 오늘날의 비즈니스 리더에게는 '개개인의 멤버가 자신의 목표를 명확히 설정하고 그 목표를 향해 스스로 행동해나가는 것을 지원하는 일'이 요구되는 것입니다. 리더가 조직 멤버와 함께 가장 알맞은 해법을 찾는, 이른바 '협동형' 리더십을 위해서라도 코칭이 필요합니다.

위와 같이 관리직 등 조직의 리더가 코칭을 배우고 코칭 커뮤니케이션을 인재 육성이나 매니지먼트에 활용하는 케이스가 많은데 이밖에도 비즈니스 코칭에는 몇 가지 방법이 있습니다. 개별적으로 실시하는 1대 1 코칭도 있고, 여러 명의 멤버에게 실시하는 그룹 코칭도 있습니다. 또한 프로코치를 사외에서 초빙하여 임원이나 관리직에게 코칭을 받게 하는 경우도 있고, 사내에서 코치를 양성하여 사내 코치로서 각 사원의 서포트를 맡게하는 경우도 있습니다. 그리고 세일즈맨이 코칭을 배우고 컨설팅 영업에 활용하는 케이스도 있습니다. 코칭은 상대의 자기실현을 서포트하는 커뮤니케이션이기에 다양한 상황에서 활용할 수 있습니다.

４ 의료와 코칭

　의료 분야에서도 코칭이 주목받기 시작하고 있습니다. 간호사를 대상으로 한 공개 세미나에서는 코칭이라는 글자를 종종 볼 수 있게 되었습니다. 원내 연수에서도 코칭 메뉴를 도입하는 의료기관이 늘어나고 있습니다. 환자에 대한 코칭, 치과의사, 간호사, MR을 위한 코칭 서적이 잇달아 출판되고 있습니다. 진료수가 개정 때마다 경영 환경이 어려워지고 있는 의료기관들이 환자에게 선택받기 위해 스스로 어떻게 하면 좋을지 진지하게 생각할 때가 왔습니다.

　환자 개개인의 니즈에 세심하게 대응하기 위해서는 IT화 및 업무의 효율화에 따라 환자와 만나는 시간을 반드시 확보해야 합니다. 그러나 더욱 중요한 점은 그 시간을 이용해 환자와 만날 때의 '자세'입니다. '의료기관의 수많은 직원 한 명 한 명이 얼마나 자신의 일에 프라이드와 보람을 갖고 임기응변으로 진지하게 환자와 마주하는가'에 환자의 만족이 걸려있다고 해도 과언이 아닐 것입니다. 이런 의미에서 의료기관에서 일하는 직원의 모티베이션을 높이고 유지해나가기 위해서라도 코칭이 필요합니다.

　이와 마찬가지로 환자와의 커뮤니케이션에도 코칭이 활용되고 있습니다. 금연이나 생활습관 개선에는 환자 자신이 질병 치료에 얼마나 주체적으로 관여하고 있는가가 치료 효과에도 큰 영향을 미칩니다. 기존의 '지도', '교육' 스타일이 아닌 환자 자신이 치료를 향한 의욕과 행동을 불러일으키도록 하는 방법으로 코칭이 주목받고 있습니다.

5 교육·지도는 '양약', 코칭은 '한약'

일본의 코칭 창시자 중 한 사람인 에노모토 히데타케 씨의 명저 『마법의 코칭』속에 매우 알기 쉬운 메타포(metaphor, 비유)가 있어 그것을 참고로 본 항목을 정리하고자 합니다.

여기서 보면 교육·지도는 바로 그 자리에서 상대의 행동 변화를 촉구할 수 있다는 점에서 '양약'적인 접근이라고 할 수 있습니다. 오늘날 널리 알려진 약물요법은 표적 장기, 부위에 대한 정확한 작용을 목적으로 한 약이 많은 것처럼, 상대의 행동에서 변화가 필요한 부분을 지적하고 올바른 방법을 알려주어 비교적 단기간에 그렇게 '행동하게 하는 것'이 교육·지도를 시행할 때의 접근 방법입니다. 연령이나 체중 등의 조건이 같으면 같은 용량, 용법을 사용하듯이 일정 조건을 충족하는 집단에 대해서는 같은 접근 방법을 채택하는 점도 교육·지도의 한 가지 방법이라고 할 수 있습니다.

한편 코칭에서는 어디까지나 한 사람 한 사람에 대해 다른 서포트를 실시합니다. 서포트는 그 사람 행동의 일부를 잡아내어 수정하는 것이 아니라 전인격 즉, 인생에 있어서 한 가지 행동을 잡아내어 스스로 행동 변혁을 일으키는 일을 서포트 합니다. 따라서 상대의 생활 스타일에 전체의 균형을 맞추면서 무리하지 않는 형태로 행동을 변용시키는 것을 목적으로 합니다. 이러한 의미에서 코칭이란 기본적인 처방이 정해져 있어도 각각의 증상에 맞추어 처방을 미세하게 조정하고 전신의 균형을 맞춤으로써 증상을 개선하는 '한약'적인 접근 방법이라고 할 수 있습니다.

양약적 접근, 한약적 접근 모두 지금의 의료 서비스에서 중요하듯이 상대를 서포트 하면서 진행하는 '교육·지도'와 '코칭'은 어느 쪽이 더 중요하다거나 뛰어나다고 말할 수 있는 것이 아닙니다. 중요한 것은 상대에게 필요한 상황에 필요한 커뮤니케이션 방법을 구분해 사용하는 것입니다. 어떠한 경우든 사용하는 상황이나 사용법이 맞지 않으면 '부작용'이 나타나게 됩니다. 상대가 약국 직원이든 환자이든 상대를 잘 이해하고 상황에 맞는 서포트를 하면 커다란 성과를 얻을 수 있습니다.

2 | 약사와 코칭

　약사도 코칭의 사고방식과 관여방법을 익혀두는 것이 좋다고 생각하는 배경에는 환자의 의료에 대한 의식 변화, 그에 수반하여 약사에게 기대되는 역할의 변화를 들 수 있습니다. 이러한 배경을 조제수가의 변천과 몇 가지 조사 연구 결과로 고찰해 보겠습니다.

　환자 중심형의 의료가 주장되면서 기존 '컴플라이언스(Compliance)'의 변형인 '어드히어런스(Adherence)'라는 말이 사용되게 되었습니다. 최근에는 새롭게 '콘코던스(Concordance)'라는 개념이 제창되어 의료 관계자와 환자 간의 관계에 바람직한 모습을 위한 커뮤니케이션 방법에 관한 연구가 진행되고 있습니다. 이러한 용어와 코칭의 관련성에 대해서도 생각해보고자 합니다.

▮ 조제수가와 약사의 역할

조제수가의 변천을 살펴보면 약사에게 기대되는 역할의 변화를 엿볼 수 있습니다. 1981년 이후 약국의 조제수가 추이를 [표 1]로 나타내 보았습니다.

1974년 진료수가인 처방전료가 10점에서 50점으로, 조제수가의 조제기본료가 10점에서 20점으로 동시에 대폭 인상되어 이른바 '의약분업 원년'이라고 불리게 된 것은 잘 알려져 있습니다. 1983년에는 조제수가에 '투약특별지도료'가 신설되어 약사가 환자에게 실시하는 '지도업무'가 대가를 지불하는 서비스로서 인정받게 되었습니다. 이후, 최근 20여 년 동안 지도업무의 종류 또는 조제수가 전체에서 지도료 비율이 비약적으로 높아졌습니다. 앞으로도 지도업무의 중요성이 더욱 높아질 것이라고 생각합니다.

장래에는 의료기관의 진료수가와 마찬가지로 이른바 포괄화가 이루어지면서 자연스럽게 시설 설비와 인원 체제, 기록이 정비된 후에 수가를 산정하는 시스템을 도입하려는 흐름이 약국에도 적용될 것이라고 생각합니다. 지금까지는 'OO과' 및 'OO가산'처럼 자신이 근무하는 약국이 할 수 있는 범위 내에서 개별적으로 산정되어 온 것이 '올 오어 낫씽(All or nothing)'이 되어버렸으나, 앞으로는 약사의 자질, 업무체제, 충분한 설비 투자를 가능하게 하는 경영력과 같은 이른바 약국의 종합력이 시험대에 오르는 시대에 돌입하게 될 것입니다.

전에는 약은 병원이나 의원의 작은 창구에서 받고, 조제를 하는 모습은

[표 1] 조제수가 점수의 변천

보험점수 종별	1981년 6월	1983년 2월	1984년 3월	1985년 3월	1986년 4월	1988년 4월	1989년 4월
조제기본료	32	32	33	33	31	31	31
투약 특별지도료	-	10(1개월당)	16(1개월당)	16(1개월당)	16(1개월당)	16(1개월당)	16(1개월당)
약제복용력 관리 (·) 지도료	-	-	-	-	5(처방전 접수 1회당, 1회째를 제외)	8(동)	8(동)
(투약) 특별지도 가산	-	-	-	-	-	-	-
복약지도 가산	-	-	-	-	-	-	-
장기투약 특별지도 가산	-	-	-	-	-	-	-
중복투약 상호작용 방지 가산	-	-	-	-	-	-	-
약제(복약)정보 제공 가산	-	-	-	-	-	-	-
건강 수첩 노인 약제정보 제공 가산	-	-	-	-	-	-	-
마약관리 지도 가산	-	-	-	-	-	-	-
재택환자 방문 약제관리 지도료	-	-	-	-	-	-	-
마약관리 지도 가산	-	-	-	-	-	-	-
약제정보 제공료 1 (수첩 및 문서)	-	-	-	-	-	-	-
약제정보 제공료 2 (문서)	-	-	-	-	-	-	-
약제정보 제공료	-	-	-	-	-	-	-
장기투약 특별지도료	-	-	-	-	-	-	-
장기투약 정보 제공료 1	-	-	-	-	-	-	-
장기투약 정보 제공료 2	-	-	-	-	-	-	-
조제정보 제공료	-	-	-	-	-	-	-
복약정보 제공료	-	-	-	-	-	-	-
복약지도 정보 제공 가산	-	-	-	-	-	-	-
의약품 품질 정보 제공료	-	-	-	-	-	-	-
후발의약품 정보 제공료	-	-	-	-	-	-	-

1990년 4월	1992년 4월	1994년 4월	1994년 10월	1996년 4월	1997년 4월	1998년 4월	2000년 4월	2002년 4월	2004년 4월	2006년 4월
31 기준조제 가산9	35 동12	40 (1개월 5,000회 초과 33) 동14	40 (문 33) 동14	45 (단, 접수 매수와 집중도에 따라 4단계로 나누어 체감) 동20	46(동) 동20	49(동) 동20	49(동) 동20	49(동) 기준조제 가산1 10, 기준조제 가산2 30	49(동) 기준조제 가산1 10, 기준조제 가산2 30	42(처방전 접수 1회당) 19(월 4,000회 초과, 집중률70%초과) 5(장기투약 분할조제시) 기준조제 가산1 10 기준조제 가산2 30
16	-	-	-	-	-	-	-	-	-	-
11(동)	15(동)	21(동)	21(동)	30(동)	32(동)	32(동)	22(동)	17(처방전 접수 1회당)	17(동)	22(동)
-	5	5	5	-	-	-	20	30(월 1째) 25(월 2째 이후)	28(월 1째) 26(월 2째 이후)	-
-	-	-	-	-	-	-	-	-	-	22(동)
-	10	20	20	30	30	30	-	-	-	-
-	-	25	25	35	40	40	10	20(처방 변경 있음) 10(처방 변경 없음)	20(동) 10(동)	20(동) 10(동)
-	-	-	-	5	7	7	15	-	-	-
-	-	-	-	-	12	12	-	-	-	-
-	-	-	-	-	-	-	-	5	8	8
-	-	-	550(월 1회 한도, 신고서 필요)	550(월 2회 한도, 신고서 필요)	550(월 2회 한도, 신고서 필요)	550(월 2회 한도, 신고서 필요)	550(월 2회 한도)	500(월 1회째) 300(월 2회째 이후)	500(동) 300(동)	500(동) 300(동)
-	-	-	-	50	100	100	100	100	100	100
-	-	-	-	-	-	-	15(처방전 접수 1회당 월 4회 한도)	15(동)	17(동)	-
-	-	-	-	-	-	-	10(처방전 접수 1회당 월 1회 한도)	10(동)	10(동)	-
-	-	-	-	-	-	-	-	-	-	15(처방전 접수 1회당, 월 4회까지)
-	-	-	-	-	-	-	30(처방전 접수 1회당)	-	-	-
-	-	-	-	-	-	-	-	15(복약 기간 14일째마다)	18(동)	18(동)
-	-	-	-	-	-	-	-	25(복약지도 1회당)	28(동)	28(동)
-	-	-	-	-	-	-	-	15(처방전 접수 1회당)	15(동)	15(동)
-	-	-	-	-	-	-	-	15(월 1회 한도)	15(동)	15(동)
-	-	-	-	-	-	-	-	15	15	15
-	-	-	-	-	-	-	-	-	10(처방전 접수 1회당)	-
-	-	-	-	-	-	-	-	-	-	10(처방전 접수 1회당)

환자가 거의 보지 못했습니다. 약은 대부분 봉투에 담겨서 이름도 몰랐고, 약효와 부작용 등을 가르쳐 주는 일도 없었습니다. 무심코 물어보면 의사가 화를 내기도 했습니다.

그러나 시대가 변하고, 의약품의 종류는 비약적으로 증가했습니다. 제제기술도 향상되어 안전성도 높아졌습니다. 동시에 효능이 뛰어난 약도 많이 개발되었습니다. 의료사고 보도가 늘어나 국민들의 의료에 관한 관심이 높아졌으며, 자신이 받는 의료, 약, 검사에 관한 해설서가 서점의 책장을 가득 채우게 되었습니다. 거듭되는 진료수가 개정에 따른 의료비 자기 부담의 증가, 인터넷 보급에 따른 정보 접근의 간편성 향상이 이러한 경향에 박차를 가하고 있습니다.

환자의 의료에 대한 불안을 해소하고 보다 효과적이고 안전한 약물요법을 실현하기 위해 약사는 리스크 매니저로서의 역할을 담당하고 있습니다. 조제수가의 분배 시프트는 이러한 부분을 분명하게 반영하고 있다고 생각합니다.

2 환자의 만족도와 커뮤니케이션

그렇다면 환자의 '만족'과 '약사의 관여'는 어떤 관계가 있을까요. 여기에서는 3가지 조사 결과를 기반으로 생각해 보겠습니다. 모두 보험약국을 대상으로 한 것이므로 병원에서 근무하는 약사들에게는 그다지 익숙지 않은 표현도 있지만 기본적으로는 같은 경향이 있다고 생각합니다.

1) 환자의 만족도 조사(1997년)에서

첫 번째는 1997년에 발표된 문전 및 문전 외 약국을 방문하는 환자 만족도에 관한 조사 결과입니다[그림 1]. 환자 만족도의 요인을 분류하여 어떤 요인이 만족도에 제일 이바지하고 있는지를 밝혔습니다.

대형병원 진료 환자 중 'A문전약국에서 조제를 받은 그룹'과 'B동네약국에서 조제를 받은 그룹'으로 나누어 같은 내용의 설문조사를 시행하여, 환자의 약국에 대한 만족도를 아래의 7가지 클러스터(군)로 나누어 평가 지표를 설정하였다.

(1) 일반약 등의 취급
(2) 서비스 업무(약의 배달 등)의 유무
(3) 구조 설비
(4) 교통의 편리성
(5) 약국·약사의 대응
(6) 정보 관리·제공
(7) 시간의 편리성(대기시간 등)

> - '이상적인 단골약국에 대해 중요도가 높은 항목'에 대한 대답은 중요도가 높은 순으로 '약국·약사의 대응', '시간의 편리성', '정보 관리 제공'이었다.
> - '환자 만족도와 각 평가 지표와의 상관'으로 분석한 결과, 상관계수가 높은 순으로 '약국·약사의 대응', '정보 관리 제공'(이 2가지는 상관계수가 거의 같았으므로 하나로 정리하였다), '구조 설비', '일반약 취급', '시간의 편리성' 순이었다.

[그림 1] 환자의 만족도에 관한 조사

가메이 미와코: 환자 의식 조사로 살펴본 약국의 위상에 관한 연구, 제4회 헬스 리서치 포럼(재단법인 화이저 헬스 리서치 진흥재단), 1997년 발췌, 일부 가필 수정

이 결과에서 아래와 같은 사실을 알 수 있었습니다.

- '약국·약사의 대응', '정보 관리 제공'은 중요도가 높으며, 만족도에도 큰 영향을 미친다.

- '구조설비', '일반약의 취급'은 중요도는 높지 않으나 만족도에 영향을 미친다.

- '교통의 편리성'은 만족도에는 거의 영향을 미치지 않으며, 중요도도 높지 않다.

또한 '이상적인 단골약국'과 '실제로 조제를 받은 약국'과의 만족도 차이를 보면 소위 병원 앞 문전약국에서 조제 받는 것보다도 지역의 동네약국에서 조제 받는 편이 이상과 현실의 차이가 적다는 것을 알 수 있었습니다.

'환자가 만족했다'라고 느끼는 요인으로는 편리성이나 약에 관한 정보 제공보다 약국, 약사의 대응이 중시된다'는 점이 시사되었다고 생각합니다. 발표 시기가 1997년으로 현재 상황과는 다소 차이가 있을지도 모르지만

오늘날의 약국에도 충분히 해당하는 내용이며, 오히려 그 경향이 커졌다고 생각해도 좋지 않을까요?

2) 밸런스 스코어카드에 대한 연구 보고(2003년)에서

두 번째의 조사 결과는 경제산업연구소가 2003년에 실시한 밸런스 스코어카드라는 경영 관리 방법을 약국에 활용할 수 있는지를 검토한 연구 보고의 일부입니다.

[표 2]는 밸런스 스코어카드란 미국의 경영학자인 캐플런 노턴이 개발한 경영 관리 방법입니다. '재무의 관점', '고객 만족의 관점', '업무 프로세스의 관점', '학습과 성장의 관점'에서 기업의 비전 달성을 위한 중점 전략 목표를 균형 좋게 설정할 것, 각 목표를 객관적으로 평가하기 위해 지표화한 것을 특징으로 삼고 있습니다. 여기에 나타난 결과는 약사에 의한 복약지도, 정보제공 결과인 지도료 산정이 약국의 '고객 만족의 관점'에서 중점 목표가 되는 '약에 관한 만족도' 향상과 관련이 있는지를 확인한 것입니다.

이 결과에서 나타났듯이 지도료 및 관련 가산의 산정률이 환자의 만족도와 관련이 있는 것은 아닙니다. 물론 약력관리 및 복약지도가 약사의 역할에 매우 필요하다는 점은 의심할 여지가 없습니다. 문제는 그것들이 얼마나 환자들이 만족할만한 방법으로 이뤄지는가라는 점에 있다고 생각합니다. 앞의 조사 사례도 포함해 생각해보면 약사가 '무엇을 하는가'보다 '어떻게 하는가'가 환자의 만족도에 큰 영향을 미친다는 점을 시사하고 있습니다.

[표 2] 약의 설명에 대한 만족도와 지도료 산정률의 관계

가산 항목	상관계수
약제 복용력, 관리지도 산정률	−0.294
특별지도 가산 산정률	0.180
정보 제공 1 산정률	−0.140
정보 제공 2 산정률	0.070

카와부치 코이치: 조제약국에 밸런스 스코어카드가 응용 가능한가, NPO 법인 「약과 건강을 생각하는 모임」 조사 리포트, 2003년에서 일부 발췌

3) 환자 의식 조사(2003년)에서

세 번째 조사 결과는 제약회사 자사 사원 및 협력 약국을 방문한 환자에게 실시한 의식 조사의 결과입니다[그림 2].

단골약국을 정한 사람은 17.1%로 이 수치가 많다고 보아야 할 것인지, 적다고 보아야 할 것인지는 사람에 따라 평가가 나뉠 것입니다. 적어도 '단골 약국을 정했다'는 사람이 단골 약국의 최고 장점으로 약력관리의 일원화를 들 수 있다는 것은 이해할 수 있습니다. 주목하고 싶은 점은 두 번째, 세 번째 이유입니다. 불과 4포인트의 차이이긴 하지만 약사의 '친절'한 대응이 '전문가로서의 어드바이스'를 웃돌고 있습니다. 이것도 다양한 해석을 할 수 있겠지만 '같은 어드바이스를 받는다면 친절한 편이 좋다'고 환자가 판단한 것으로 해석하였습니다. 생각해보면 당연한 이야기이지만 환자에게 단골약국으로 선택받기 위해 전문적인 어드바이스에만 주목해서는 충분하지 못하다

는 점을 시사하고 있습니다.

약사들은 정말로 열심히 공부합니다. 학술적인 지식을 높이고, 환자들이 더욱 효과적으로, 그리고 안전하게 약을 복용하게 하기 위해 매일 노력합니다. 조제 기기의 성능도 높아져 의약품 정보도 컴퓨터로 간단하게 알 수 있게 되었습니다. 금기 사항이나 과량 투여의 에러도 처방 입력 시에 체크할 수 있게 되었습니다. 그리고 환자는 '그 이상'을 약사에게 기대하고 있다고 생각합니다.

단골약국을 정한 사람	17.1%
병·의원별로 단골약국을 정한 사람	50.3%
단골약국을 정하지 않은 사람	32.6%
단골약국을 정한 사람의 이유	
약에 관한 자신의 정보(약력)가 이미 축적되어 있기 때문에	70.5%
약사가 친절하기 때문에	50.9%
약사가 전문가로서 어드바이스를 해주기 때문에	46.4%
무엇이든 가볍게 상담할 수 있기 때문에	44.0%
처방약의 설명서 내용이 충실하기 때문에	36.6%

(조사 대상 4,152명, 복수 대답 있음)

[그림 2] 처방 약국을 정한 요인
쿄와발효공업주식회사: 처방 약국에 관한 환자·시민의 의식 조사, 약에 도움이 되는 이야기,
43호, 2003년 10월에서 발췌

"똑같은 어드바이스에 똑같은 약의 설명서를 준다면 알기 쉽고, 친절하

게 설명해 주었으면 좋겠다.", "일방적인 지도가 아닌 나의 불안이나 질문을 받아주었으면 좋겠다." 이렇게 말하는 환자의 마음을 이 조사 결과 속에서 찾아볼 수 있습니다.

③ '컴플라이언스'에서 '콘코던스'로

약물요법을 비롯하여 의료분야 전체가 '환자에게 좋지 않은 일을 절대 알려서는 안 된다, 오직 복종하고 의지하게 해야 한다'는 사고를 가지고 있었습니다. 그러나 지금은 환자의 진료에 앞서 치료 방법, 기간, 위험성 등을 설명하고 동의를 얻은 후 진료를 시작한다는 '인폼드 콘센트(Informed consent)' 개념으로 전환되어, 조제실 안에 있던 약사에게 그 지식과 능력을 환자를 지도하고 정보를 제공하는 일에 사용하도록 요구하고 있습니다. 의료비 삭감(후생노동성은 의료비의 '적정화'라고 부르고 있습니다만)이라는 지상명제 하에서 경제적으로 유도된 의약분업은 착실히 진행되어 마을 곳곳에서 약국 간판을 볼 수 있게 되었습니다. '약국에서 환자가 약에 대한 설명을 듣고, 설명서를 받는 것은 당연하다'는 시대가 된 것입니다. 약사는 약국에서 무엇을 해야 할까요? 대답은 거의 나와 있습니다. 앞으로는 '어떻게 하면 좋을까'를 생각해야 할 시대입니다.

최근 수년간 '의료 제공자의 지도를 환자가 복종적으로 존중한다'는 것을 의미하는 '컴플라이언스'보다도 '환자의 의지에 기반을 두어 스스로 받는 의료에 대한 이해와 정착'을 의미하는 '어드히어런스'라는 말이 눈에 띄게 되었습니다.

현재는 이 개념에서 더 나아가 '환자의 가치관을 존중한 의료로 환자와 의료 제공자 간의 합의'를 의미하는 '콘코던스'라는 사고방식이 제창되고 있습니다. 이것은 커뮤니케이션 프로세스를 통해 환자 개개인의 가치관 및 건강관을 이해하고 존중하는 것으로, 그 후에 약물요법을 포함한 의료 전반에 필요한 정보를 의료관계자와 환자가 공유하여 환자의 의지를 존중한 의료 합의를 얻어내야 한다는 개념으로 1990년대부터 영국을 중심으로 연구되었습니다. 바로 '환자 중심 의료'의 실천 그 자체라고 생각합니다. '자신의 라이프 스타일에 맞는 의료를 선택하고 싶다'라는 환자들의 기대 발현이라고도 할 수 있겠습니다.

이러한 환자의 기대에 부응해 나가기 위해서는 약사 자신이 더욱 커뮤니케이션 능력을 향상해나가야 할 필요가 있습니다. 최근 서점에서도 약사 대상 코너에 커뮤니케이션에 관해 진열된 책이 늘어나고 있습니다.

2006년도부터 약학대학 6년제가 시작되었습니다. 임상 능력 향상을 목적으로 한 2년의 수업 연한 연장 부분은 주로 약국, 병원에서의 실무실습과 휴머니즘 교육에 배당되어 있습니다. 실무실습에 참여하기 위해서는 이른바 공용시험으로 지식을 묻는 'CBT'와 태도, 커뮤니케이션 능력을 묻는 'OSCE(객관적 임상 능력 시험)'에 합격해야 합니다. 각 약학대학은 각각의 연구를 해나가면서 커뮤니케이션과 심리학 과목을 강화하고 있습니다.

제가 강사를 맡고 있는 홋카이도 약과대학에서도 의료심리학, 임상 커뮤니케이션론과 같은 강의 과목에 더하여 소수 인원으로 교육하는 임상 커뮤니케이션 실습 등을 통해 약대생의 능력 향상을 도모하고 있습니다. 그 결과 학생들은 커뮤니케이션을 배워 국가시험에 합격하고, 사회로 진출합니다. 현재 현장에 있는 약사들은 더욱 자발적으로 커뮤니케이션 능력을 재점검하고 학습해 나가는 것이 중요하다고 생각합니다.

④ '시켜서 한다'에서 '스스로 진행한다'로

코칭 스타일의 커뮤니케이션을 생각할 때, '학습'이라는 시점은 빠질 수 없습니다. 약사도 환자도 코칭에 따른 서포트를 제공하고 받으면서 항상 배워나가기 때문입니다. 이 점에 대해 조금 다루어 보고자 합니다.

1) '교육'과 '학습'

우리는 매일 다양한 자극에 노출되며, 그 자극에 대처하면서 살아가고 있습니다. 첫 자극에 잘 대처하지 못했더라도 그때의 상황이나 자신의 행동을 기반으로 두 번째 자극에서는 적절한 대처를 하려고 노력합니다.

예를 들어 약사가 조제실에서 약품을 찾을 때, 규격이 다른 정제를 피킹했다고 가정하겠습니다. 이것을 본인 스스로 또는 감사 시에, 때에 따라서는 환자의 지적으로 알게 되었을 때 '아, 이런!'하고 그 후의 조제 시에는 규격에 주의하여 피킹하게 됩니다. 이것이 학습입니다. 즉, '개인이 실행하고 행동에 변화를 주는 일련의 활동'이라고 할 수 있습니다.

학교에 다니거나 스스로 적극적으로 학습하려 하지 않아도 우리는 생활 속에서 항상 무언가를 학습하고 있습니다. 그것은 인간에게만 한정된 것이 아닌 모든 생물에게 갖추어진 생존을 위한 수단이라고 할 수 있습니다.

그러나 우리 인간이 살아가고 있는 세상에는 매우 많은 자극이 있습니다. 그리고 그 속에서 자신답게 살아가기 위해서는 이러한 자극에 적절히 대처하고 자신이 바라는 상태로 만들기 위해 사전에 대처 방법을 '목적에 따라, '빠르게' 몸에 익혀둘 필요가 있습니다.

예를 들면 우리는 화폐 경제 속에서 살고 있기 때문에 돈을 세는 일, 물건을 얻기 위해 돈을 교환하는 일과 스스로 타인에게 서비스를 제공하는 일로 돈을 얻을 수 있다는 점 등을 초등학교 때부터 산수나 생활 과목 등으로 학습합니다.

약사가 되기 위해서는 약국 현장에 섰을 때 환자에게 적절한 서비스를 제공할 수 있도록 약대생 시절에 약이나 병, 인체의 구조에 관한 지식, 조제에 관한 기술을 교육받습니다. 이렇게 어떠한 목적에 따라 지식, 태도, 행동의 변화가 학습자에게 일어나도록 외부에서 관여하는 것이 '교육'이라고 할 수 있습니다.

2) 성인 학습의 특징

어릴 때는 학교에서 배우는 교과를 두고 '이런 걸 배워서 무슨 도움이 될까?'라는 의문을 가져도 "어른이 되면 도움이 되니까, 일단 공부해 둬."라는 말만 듣고 "뭐야 그게."라며 지루한 듯이 책상 앞에 앉습니다. 구구단을 외거나 옛 문헌에 나오는 말들을 줄줄이 암기하는 공부법을 경험한 기억은 누구에게나 있을 것입니다.

그러나 성인은 그럴 수 없습니다. 흥미도 없고, 가고 싶지 않은 연수교육에 무리하게 파견된 사원은 강사가 무슨 말을 하든 고개를 돌려 하품을 합니다. 산더미 같은 요약문을 쓰지도 않고 깨끗한 채로 가지고 돌아와 책장에 아무렇게나 꽂아 둡니다. 회사에 제출할 연수 리포트는 요약문 목차를 발췌하고, 끝에 '이후의 업무에 도움이 될 거라 생각합니다'라는 말을 덧붙여두면 그럴듯하다는 식입니다.

이렇게 아이와 성인은 학습에 대한 태도가 크게 다릅니다. 성인이 학습하는 태도의 특징으로 다음 4가지를 들 수 있습니다.

① 성인은 '학습하고 싶다'라는 욕구를 가지고 있으므로 학습에 의욕적이다.

② 성인은 생활에 중점을 둔 학습 자세가 있으며, 얻은 지식을 실제로 생활에 도입하려는 강한 의욕을 나타낸다.

③ 성인은 인생 경험이라는 학습을 위한 리소스(자원)를 풍부하게 가지고 있다.

④ 성인은 구체적으로 지시받는 학습보다도 자기 주도형 학습을 희망한다.

즉, '배우고 싶다'라는 마음이 있어야 비로소 처음으로 의욕적으로 학습하려는 자세가 생겨난다는 이야기입니다. 그렇기에 자신이 지금까지 몸에 익혀온 지식이나 기술을 더욱 강화해 학습한 내용을 본인의 일이나 생활 속에 활용하려고 합니다.

또한 인생 경험이 길면 길어질수록 학습의 기반이 되는 리소스(이미 갖고 있는 지식 및 기술)가 늘어납니다. 이러한 리소스는 개인에 따라 다르므로 같은 주제라도 학습 방법이나 스피드에 개인차가 있으며, 학습 스타일도 달라집니다. 따라서 성인을 교육하는 경우에는 이러한 성인 학습자의 특징을 충분히 고려한 계획, 방법, 평가 방법이나 관여 방식이 중요해집니다.

3) 상대의 목표 달성을 지원한다

교육에서도 교육자가 학습자에 맞추어 지도 계획을 세우고, 지식이나 기술을 제공하거나 실습이나 경험의 장을 만듭니다. 그리고 학습자가 그곳에서 얻은 경험을 바탕으로 행동이 변화하는 것을 기대합니다. 하지만 코칭에서는 이러한 지도 계획이나 상황 만들기와 같은 설정을 코치가 하지 않습니다. 어디까지나 상대가 설정한 목표 달성을 위해서 상대가 자발적으로 배우는 일을 서포트하는 것이 코칭입니다.

예를 들면 환자가 '혈당치를 낮추기 위해 약을 먹고 있지만, 어떻게든 약 없이 생활하고 싶다'라는 목표를 가졌다고 합시다. 이때 환자는(실제로 행동할지 안 할지는 별개로 하고) '약 없이 생활하려면 어떻게 하면 좋은지 알고 싶다'라는 학습 니즈를 이미 가졌습니다. 또한 그 방법은 생각만큼 비현실적인 것이 아닌 '스스로도 가능한', '생활 속에서 실천할 수 있는 것'을 목표로 하고 있습니다. 성인인 환자는 과거 자신의 생활 습관, 행동 패턴, 사고방식, 가치관, 주변에서 얻을 수 있는 협력과 같은 다양한 리소스를 가지고 있습니다.

공공 기관에서 실시되는 건강 지도나 의료기관에서 실시되는 집단 영양 지도 등은 이른바 교육적 접근에 따라 실시됩니다. 개별적인 영양 지도 등에서는 상당히 맞춤화 되지만 식사 모델을 만들거나 운동 프로그램을 작성하는 등의 일이 일반적으로 지도하는 쪽입니다.

한편 코칭에서는 '구체적으로 자신이 목표로 하는 것은 어떠한 상태인가?', '지금 자신의 생활 패턴은 어떠한가', '원하는 상태(목표)에 가까워지기 위해 자신은 어떤 지식, 기술, 주변의 지원이 필요한가?', '그러기 위해 자신은 무엇을 해야 할까?'라는 것을 대화를 통해 환자 자신이 명확해지도록 만들어 나갑니다. 결과적으로 환자가 '나에게는 식사 요법에 대한 지식이 부족하다'라는 것이 명확해지면 '의료기관이나 공공기관에서 영양 지도를 받는다', '스스로 책을 구입해 조사해본다'라는 구체적인 행동을 할 수 있습니다.

이렇게 코칭을 통해 환자가 스스로 '학습 방법의 선택지'를 명확하게 함으로써 '막연한 바람'이 '목표를 향한 행동'으로 이어질 수 있을 것입니다.

Part 2
약국에 도움이 되는 코칭

⇒ ⇒ ⇒

코칭이란 무엇인가, 그것이 어떠한 상황에서 활용되고 있는가, 어째서 약사에게 코칭이 필요한가를 몇 가지 조사를 바탕으로 고찰해 보았습니다. 물론 약사에게 필요한 대인 서포트 커뮤니케이션은 코칭뿐만이 아닙니다. 상대를 서포트하기 위해서는 상대의 상황에 맞추어 적절한 관여와 그에 따른 커뮤니케이션을 해나가는 것이 중요합니다. 본 장에서는 '서포트 커뮤니케이션 모델'이라는 개념을 먼저 소개하겠습니다. 그 후에 약사들이 업무 속에서 어떠한 코칭을 활용할 수 있을까를 '환자와의 커뮤니케이션', '인재 육성'의 관점에서 살펴보고자 합니다.

1 | 자율·자립을 서포트하는 4가지 스탠스

코칭이 사람을 서포트하는 방법으로써 만능인가를 묻는다면 절대로 그렇지 않습니다. 약사로서 또는 조직의 일원으로서 서포트 해나가는 상대의 상황을 제대로 파악하고 적절한 서포트 방법으로 관여하는 것이 현실적입니다.

어떠한 상대에게 어떠한 서포트를 해나갈지에 대해서는 지금까지 다양한 접근 방식이 시도되어 왔습니다. 저는 상대의 '자기인식도'('자신은 지금 어떠한 상태에 있는가'에 대한 이해도)와 '실행 능력'(행동에 필요한 지식, 기술)을 축으로 '자율·자립'을 위한 라인 속에서 어떤 상한이 있는지에 따라 관여 방법을 구분해 사용하는 '서포트 커뮤니케이션 모델'[그림 3] 가설을 제시해 왔습니다.

여기에서는 이 모델에 나타낸 4가지 스탠스 '카운슬링 스탠스', '티칭 스탠스', '코칭 스탠스', '멘토링 스탠스'에 대해 상세하게 검토해보고자 합니다.

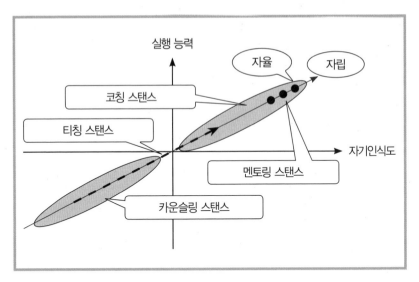

[그림 3] 서포트 커뮤니케이션 모델
자율·자립을 서포트 하는 4가지 스탠스

■ 카운슬링 스탠스 - 상대를 이해한다

상대가 좋지 않은 일로 소극적일 때, 눈앞의 현실에 여유가 없어 '이제 더 이상은 무리다'라고 생각하고 있을 때, "힘내", "긍정적으로 생각해", "하면 할 수 있어"라고 격려해본 적이 있습니까? 이 상태에서는 충고를 하거나 제안을 해도 상대의 마음속에 쿵 하고 와 닿는 것을 그다지 기대할 수 없습니다. 오히려 "더 이상 내게 뭐라고 하지마!" 라고 반발하거나, "그렇겠지, 그런데 어째서 나는 긍정적인 생각이 안 드는 걸까, 난 형편없는 인간이야"라며 더욱 침울해하는 사람들이 많을 것입니다.

이 때 상대는 과거 자신의 실패, 행동에 얽매어 현재 상태의 자신을 '이걸로 됐어'라며 인정하지 않는 상태이거나 '장래에 대한 불안'을 갖고 있는 경우가 대부분입니다. 그렇기에 사물을 긍정적으로 생각하지 못하고, 미래에 대한 행동을 취하기도 어려운 상태에 빠지게 됩니다.

그럴 때는 무리하게 상대를 앞으로 나아가게 하려는 조언을 하지 말고, 오직 상대의 '마음'을 '들어'야 합니다. 그것도 그저 '듣는' 것이 아니라, 적극적으로 공감하며 '듣는' 일이 중요 합니다. 상대는 계속해서 자신에 대한 이야기를 하는 도중에 조금씩 자신이 처한 상황, 과거에 대한 생각, 미래에 대한 불안을 불식시켜나갑니다.

상대가 '뭐, 지나간 일은 아무리 생각해 봐도 어쩔 수 없지', '만약의 일을 불안해 해봤자 일어나지도 않을 건데'라고 생각하게 되었을 때, '지금은 이런 나지만, 그래도 괜찮아. 앞으로 성장해 나가면 되는 거야'라고 자신을 인정했을 때 비로소 미래를 향해 한 발자국 나아가게 됩니다. 저는 카운슬링이라는 말을 '상대의 자기 인식(자신은 이러한 사람이다라는 마음의 정리)을 목적으로 하는 커뮤니케이션 프로세스'로 받아들이고 있습니다. 상대가 사회 생활에 어려움을 느끼고, 그것이 질병으로 인식될 때는 '심리 요법'이라는 의료 분야로 접근해야 된다고 이해하고 있습니다.

따라서 정신신경계 질환이 동반되는 경우, 또는 질병이 의심되는 경우에는 의사나 임상심리사 등 충분히 경험을 가진 테라피스트의 카운슬링을 받도록 해야 합니다.

약국에서의 커뮤니케이션이 환자 치료에 방해가 되면 그것은 본말이 전도되는 것입니다. 요즘 약사를 대상으로 출판되고 있는 많은 커뮤니케이션 서적은 이러한 환자에 대한 대응 방법에 대해 자세히 설명하고 있습니다. 좋은 양서들이 출판되어 있으니 꼭 그 책들을 참고해 주시기 바랍니다.

여기서 중요한 점은 '약사로서의 카운슬링 범위'를 충분히 자각하는 것입니다. 스스로 대응할 수 없다고 판단했을 경우에는 전문가에게 맡기고, 처방의사와의 커뮤니케이션을 긴밀히 하여 환자에게 제일 적절한 방법으로 관여하는 자세가 전제되어야 함은 말할 필요도 없습니다. 저는 심리요법의 프로는 아니지만 임상심리학을 하나의 주변 영역으로 배우는 것은 매우 유용하며, 환자와의 커뮤니케이션에 크게 도움이 될 것이라고 생각합니다.

그러나 어디까지나 우리는 '약물요법의 프로'라는 스탠스를 명확히 해야 합니다.

② 티칭 스탠스 - 학습의 스피드를 높인다

현재 상태의 자기 자신을 인정할 수 있게 되면 자기 인식도가 높아집니다. '나는 안 돼'에서 '나는 괜찮아. 그럼 이제 어떻게 할까'가 됩니다. 여기서부터는 티칭 스탠스의 접근이 유효합니다.

앞에서도 이야기하였듯이 사람은 누구든 각자의 생활 속에서 다양한 사건들을 통해 학습합니다. 야생의 새끼 새도 나는 법부터 먹이 잡는 법까지 어미새를 보고 따라하며 기억하고, 몇 번이나 실패하면서 습득해 나갑니다. 물론 어미새가 교육 계획을 세우는 일은 없습니다. 그러나 우리 인간은 약 80년의 인생 속에서 많은 변화에 적응할 수 있는 지식과 기술을 습득하지 않으면 안 됩니다. 사회인으로서 세상에 나와 자신의 지식과 기술, 체력을 이용해 서비스를 제공하고 대가를 얻으면서 자신의 생활을 운영해 나가기 위해 야생 동물처럼 보고 따라하며 살아가기엔 너무나도 복잡한 사회입니다.

예를 들면 신입 사원이 기업에 들어가 먼저 실시하는 신입 사원 연수에서는 인사 방법, 전화 대응 방법, 업무의 진행 방법 등 업무에 필요한 기본적인 일에 관한 교육을 받습니다. 이러한 내용은 집합 연수를 받지 않더라도 현장에 나가면 선배들의 방식을 보면서 보고 따라하여 익힐 수 있습니다.

다만, 그것을 익히는 속도, 습득하는 레벨이나 방법에는 개인차가 있습니다. 직장 환경에 따라서 전혀 몸에 익히지 못하는 지식도 있습니다.

한편 기업으로서는 인건비를 투자하여 사람을 고용한 이상 가능한 한 빨리 생산성이 높은 인재가 되길 원합니다. 그러기 위해 사회인으로서 일반적인 행동의 방식, 회사의 독자적인 룰에 대해 빠르게 몸에 익히기 바랍니다.

그 점에서 티칭 스탠스의 접근이 필요하게 됩니다. 신입사원 연수에서는 '습득까지의 시간'과 '기업이 신입사원에게 바라는 것'이 우선시되므로 신입사원이 자신에게 흥미 있는 것에 대해 자발적으로 배우는 일은 거의 없습니다. 연수를 실시하는 측이 가르쳐줄 내용, 방법을 이미 준비하고 있으며, 그 방법에 따라 획일적인 교육을 받는 케이스가 일반적입니다.

원칙적으로 개인차를 생각하지 않고 연수를 진행하기 때문에 현장에 돌아와 행동으로 나타나는 정도는 개인마다 다르겠지만, 무조건 현장에서 직접 부딪혀 본인이 자발적으로 몸에 익히는 것보다는 훨씬 빠르며, 또한 대량의 지식과 기술의 습득을 기대할 수 있습니다.

약국에서는 환자가 받는, 이른바 '복약 지도'가 이에 해당합니다. 복약 방법이나 사용법, 안전하게 복용하기 위해 최소한 알아 두어야 할 부작용이나 대처법 등은 환자와 이야기를 주고받는 가운데 실패를 거듭하면서 익히게 할 수는 없습니다. 어떠한 환자에게나 전달 방법에 차이는 있겠지만, 모든 환자가 반드시 기억해 주었으면 하는 공통 사항은 가능한 한 이른 단계에서 전달하려고 합니다. 이렇듯 환자가 약물 요법을 받는 이상 '빨리' 알아두어야 할 내용은 '티칭 스탠스'로 관여할 필요가 있습니다.

③ 코칭 스탠스 – 자발적인 행동을 지지한다.

가르쳐 준 것, 지도한 것을 모두 행동으로 옮길 수 있다면 이상적일지도 모릅니다. 그러나 우리에게는 '알고 있지만 행동으로 옮길 수 없는' 일도 많습니다. 그럴 때 유효한 것이 코칭 스탠스입니다.

지금까지 소개했듯이 코칭이란 '상대의 자기실현을 서포트하는 커뮤니케이션 프로세스'입니다. '이런 내가 되고 싶다', '이것을 달성하고 싶다'라는 상대의 마음을 행동으로 옮기는 서포트를 커뮤니케이션을 통해 실시해 나갑니다.

막연하게라도 '자신의 목표' 및 '되고 싶은 모습'을 이미지로 가진 사람은 뒤에서 해설하는 'GROW 모델'에 따른 목표나 현상의 명확화에 대해 저항이 없습니다. 오히려 안개가 갠 듯이 맑아진 '자신이 진짜 하고 싶은 것', '목표'에 매력을 느끼고 그를 위한 행동에 두근거리게 될 것입니다.

한편 '특별히 목표는 없다', '지금 이대로가 좋다'는 사람들도 있습니다. 옆에서 보면 '향상심이 없는 사람'처럼 보일 수도 있겠지만, 사실 그 배경에는 '전에는 의욕이 있었으나 한번 실패한 뒤 더는 적극적으로 움직이려고 하지 않는다', '해보았지만 주위에서 인정받지 못해 이젠 하지 않는다'는 마음이 숨겨져 있는 경우가 있습니다. 실은 매우 달성하고 싶은 목표가 있지만 '달성하지 못하면 창피하니까 사람들에게 말하지 않는다'는 사람도 있습니다. 실은 의욕이 있는데 '지금은 의욕을 보이고 싶지 않다'는 마음인 것입니다.

코칭에서는 이러한 사람들을 '어떻게든 긍정적으로 만들자'든지 '어떻게든 행동을 하게 하자'고 하지 않습니다. 지금 의욕을 보이지 않는다, 긍정적인 태도를 나타내지 않는다는 태도를 일단 멈춥니다. 그 뒤에 상대가 '현재 상태에서 벗어나고 싶다', '이러면 곤란한데'라는 마음이 나타날 때를 기다립니다. 그리고 '현재 상태에서 벗어나면 무엇이 기다리고 있을까', '이대로라면 곤란한데, 어떤 상태가 되면 좋을까'를 명확하게 하여 무엇을 해나가면 좋을지를 같이 생각해보는 것이야말로 코칭 스탠스의 접근입니다.

4 멘토링 스탠스 – 자립을 지지한다

멘토링이란 말하자면 조언입니다. 상대가 목표 달성을 향해 행동하는 과정에서 생기는 의문이나 고민에 대해 자신이 가진 경험이나 지식, 기술을 기반으로 상대에게 도움이 되는 대답을 제공하는 서포트 방법입니다. 자신이 가진 생각, 상대가 유용하다고 생각하는 대답을 제공한다는 점에서는 티칭과 똑같지만 '상대의 요구에 따라 서포트한다'는 점에서 차이가 있습니다. 코칭이라는 관점에서 말하면 '코칭 스탠스의 서포트에 따라 상대가 목표 달성을 해나가는 과정에서 결여된 지식이나 사고방식을 보완하는 방법의 하나로 멘토링 스탠스에 따른 서포트를 한다'고 생각하면 알기 쉬울 것입니다.

사례를 통해 생각해 보겠습니다.

한 체인약국의 약국장을 새롭게 맡아 운영하는 곳에서 직원 간의 분쟁이 문제가 되어 개입하게 되었다고 합시다. 약국장은 자신의 상사인 지역 매니저와 상담하면서 '약국 내 원만한 인간관계를 만들지'라는 목표를 설정하고 현상 인식과 구체적인 행동 시책을 생각할 것입니다. 약국장이 취하는 방법으로는 '과거 자신의 체험'에 따른 문제 해결법도 있고, 약국 운영, 인사 관리에 관한 책을 읽고 그를 통해 얻은 지식에 따른 방법도 시험해 볼 수 있습니다. 다른 리소스로써 직원의 가치관이나 인간관계에 정통한 전임 약국장의 조언을 얻는 방법도 있을 것입니다. 지역 매니저는 스스로 '지도'하는 것이 아니라 이 약국장이 스스로 해결법을 선택하여 그것을 실천하기 위한 지원자 역할을 합니다.

이때 지역 매니저는 스스로 해결책을 제시하지 않고, 약국장의 아이디어와 판단을 존중하며 행동을 지지하는 이른바 코칭 스탠스로 서포트 합니다. 또한 전임 약국장은 자신의 경험이나 사고방식을 바탕으로 최선이라고 생각되는 조언을 하는 이른바 멘토링 스탠스의 서포트를 하게 됩니다. 약국장이 원한다면 지역 매니저 자신이 조언자가 되어 멘토링 스탠스로 서포트하는 것 또한 가능합니다.

이렇듯 멘토링 스탠스에 따른 접근은 이미 자율기(自律期)에 있는 상대가 안심하고 앞으로 나아가기 위한 목표지향적 서포트라고 생각해도 좋을 것입니다.

2 | 코칭과 환자와의 커뮤니케이션

　그렇다면 이 4가지 서포트 커뮤니케이션 모델을 환자와의 커뮤니케이션 속에서 어떻게 활용할 수 있는가를 코칭을 축으로 생각해 보겠습니다.

　환자의 상태에 따라 약사의 관여 방법은 크게 달라집니다. 서포트 커뮤니케이션의 사고방식을 환자와의 관계에 응용하는 것이 '복약 서포트'입니다. 약사가 일방적으로 정보 제공을 하고 약력에 따라 환자를 관리하는 기존의 '복약 지도'의 축을 더욱 넓혀 진정한 의미로 환자 중심형 약물 요법을 진행하는 커뮤니케이션으로 활용할 수 있다고 생각합니다.

① 환자와의 커뮤니케이션에서 코칭의 의의

앞에서도 말했듯이 환자는 자신이 받는 의료에 대해 높은 관심을 가집니다. 약물 요법에 대해서는 서적이나 인터넷으로 자신이 복용하는 약이나 질병에 관해 상당히 질 높은 정보를 쉽게 얻을 수 있게 되었습니다.

기존의 의료 제공자 측과 환자와의 정보 비대칭성이 현저하게 저하되어 스스로 약물 요법을 컨트롤하고 싶다는 환자도 나타났습니다.

지금은 약국 카운터에 서면 "이 약은 ○○에 효과가 있는 약이잖아? 하지만 나는 지금 그 증상이 없으니까 먹지 않을 거야.", "지금 먹는 약보다 더욱 효과가 있는 약이 생겼어. 그거 주지 않겠어?" 라는 환자도 여기저기에서 보입니다. 자기 판단으로 복용을 중지하거나 TV나 잡지에서 얻어들은 정보를 남용하여 약사를 곤란하게 하는 환자가 있는 것도 사실입니다.

지금까지처럼 복용 방법이나 간단한 부작용만을 설명한다면 지식 레벨이 높은 환자가 만족할만한 안전성이 높은 약물 요법을 서포트할 수 없습니다. 약사가 본래 가진 폭넓은 시각과 전문적 지식을 알기 쉽게 환자의 자존심을 해치지 않도록 제공하고, 그 결과로써 환자가 스스로 올바른 약물 요법을 선택하여 행동으로 옮길 수 있는 커뮤니케이션 기술이 필요합니다.

한편 "나는 약에 관해서는 아무것도 모르니까 들은 대로 먹고 있다."라는 환자가 있는 것도 사실입니다. 이러한 환자는 약의 복용에 관해 만일 잘못된 설명을 하거나 잘못 들었을 때도 그대로 복용해버릴 가능성이 있습니다. 또한 복용 결과 예기치 못한 부작용이 나온다고 해도 "먹으라고 했으니까."라며 그대로 복용을 계속할 위험도 있습니다.

또한 이러한 환자는 맹목적으로 의사에게 의존하는 케이스가 많으며, 의사에게 곤란한(본인이 그렇게 믿는) 정보는 의사에게 전하지 않는 경향이 있습니다. 따라서 "선생님이 기분이 나쁘면 곤란하니까…"라며 지시대로 복용하지 않는다거나 부작용이 의심되는 증상이 나타난다거나 또는 다른 의료기관에서 진료를 받고 있는 등의 중요한 정보를 의사에게 이야기하지 않는 일이 많습니다. 환자에게는 약의 효능이나 부작용 정보, 대응 등을 전달하는 것뿐만 아니라 의사와의 신뢰 관계를 해치고 싶지 않은 환자의 불안을 받아주고, 그러한 상황에서 어떻게 행동하면 좋을지에 대한 시점에서 서포트 해나가는 것이 중요합니다.

② '복약지도'에서 '복약 서포트'로

복약 서포트의 목적은 '복약 요법에 대한 환자의 자율·자립'에 있습니다. 여기서 '약물 요법'이란 환자의 질병 치료, 유지를 위해 필요한 의료행동 중에서 약물 투여에 따라 그 목적을 달성하는 수단을 말합니다. 입원 중에 복용하는 경우도 있는가 하면 원외 처방전을 발행받아 조제약국에서 약을 건네받고 자택 등에서 복용하는 경우도 포함됩니다.

'자율'이란 자신이 정한 방법, 규범에 따라서 행동하는 것을 가리킵니다. 즉, 환자 자신이 받는 약물 요법의 의의, 목적을 이해하고 그 방법에 대해 자신이 납득한 뒤에 주체적으로 약물 요법을 실시하는 것을 의미합니다. 따라서 약물 요법을 효과적으로 진행하기 위한 방법(올바르게 복용·사용한다, 생활습관을 개선한다, 주위의 협력을 얻는다 등)을 실천하는 것도 약물 요법에 따른 리스크를 방지하는 것(자신의 질병이나 사용하는 약 알아두기, 일어나기 쉬운 부작용이나 발현한 경우의 대처방법 알아두기, 상호 작용이 있는 약·음식 등은 피하기, 다른 의료기관에서 진료를 받을 때 필요한 정보를 공유하기 등)도 환자의 자기결정 하에서 이루어지는 것입니다.

'자립'이란 주위의 도움에 의존하지 않고 스스로 바람직한 상태를 실현하는 것을 가리킵니다. 물론 자신에게 버거운 범위도 자각하고 있으므로 필요한 서포트가 있다면 스스로 그것을 찾아보는 것도 가능합니다.

'아이의 자립'을 떠올려 보면 알기 쉬울 것입니다. 아이가 성인이 되어

가정을 가지고 자립하였으나 육아로 힘들 때는 부모나 카운슬러에게 상담을 하는 경우가 있습니다. 상담하면서 주위의 도움을 받고 있지만 '상담한다'라는 행위를 스스로 선택하여 행동으로 옮깁니다. 이러한 의미로 '자립'한 것입니다.

환자도 마찬가지입니다. 만성질환으로 복용을 계속해도 병에 대한 지식, 약에 대한 지식이 모두 충분하고 적절한 생활 요법을 지속하는 환자는 자립했다고 말할 수 있습니다. 스스로 판단할 수 없는 것은 약사나 의사에게 상담하지만 '무엇을 스스로 알지 못하는가'를 이해하고 있다는 의미에서 '자립'한 것입니다.

이 2가지의 '자립'을 목표로 복약 서포트를 실천해 나갑니다.

3 '복약 서포트'의 기본 사고

복약 서포트에 대한 사고에는 코칭이라는 개념이 핵심에 있습니다. 환자의 자율을 서포트하는 틀인 복약 서포트의 기본에는 다음 3가지의 '철학'이 있다고 생각할 수 있습니다.

① 환자는 누구든 더욱 건강하고 자신답게 사는 것을 바라고 있다.

② 환자는 각각의 심신 기능에 따라 자립할 수 있는 능력을 갖추고 있다.

③ 약물 요법에 대한 환자의 자율·자립은 약사의 관여에 따라 가능해진다.

이것에 대해 하나씩 생각해 보겠습니다.

1) 환자는 누구든 더욱 건강하고 자신답게 사는 것을 바라고 있다

약국 창구에 서 있으면 다양한 환자들이 방문합니다. "어차피 내 몸이니까 담배를 피우든 술을 마시든 내 맘대로잖아!"라고 큰소리치는 환자, "사실 기름진 걸 먹으면 안 되지만 아들 부부가 요리를 해주니 어쩔 수 없어."라고 불평하는 환자, "좋아하는 음식을 먹을 수 없다면 차라리 죽는 게 낫지!"라는 등 식사 요법에 전혀 관심을 보이지 않는 환자, 이러한 환자들은 진짜 자신의 몸, 앞으로의 건강에 대해 희망을 품지 않고 있는 걸까요?

정말로 어떻게 되든 좋다고 생각한다면 아마도 의료기관에서 진료를 받지 않을 것이며, 당연히 약국 창구를 방문할 일도 없을 것입니다. 모든 환자는 실은 건강해지고 싶다, 나답게 건강하게 살고 싶다고 마음 깊은 곳에서 바라고 있습니다. 다만, 지금까지 자신의 생활습관에서 현재 상태의 질환이 일어났다는 사실, 지금의 자신이 처한 생활환경, 앞으로의 약물 요법에 대한 불안으로 현재 상태의 자신을 인정하지 않는 상황에 빠져있기 때문에 이러한 모순된 언동을 하는 것뿐입니다.

복약 서포트에서는 환자가 '하고 싶지 않은 일을 하게끔 설득'하거나 '적극적으로 치료에 참여시키는 일'을 하도록 하는 일은 없습니다. 환자의 '하고 싶지 않다', '적극적인 태도를 보이고 싶지 않다'는 마음을 일단 받아들이고 이 상황에서 '어떻게 하고 싶은지'를 함께 생각해 보는 접근입니다. 그 근거에 있는 것은 말로 어떻게 표현하든 '이 환자는 더욱 건강하고 자신답게 살아가기를 바라고 있다'고 하는 약사 자신의 믿음입니다.

이러한 것도 확실히 자신의 행동을 자신이 결정하도록 하는 것입니다. 그러나 이것은 개인의 '자율'이 아닙니다. 약사라면 누구든 알고 있듯이 인간의 몸에는 '자율신경계'가 존재합니다. 이것은 의사나 감정과는 관계없이 자신의 몸을 적정한 상태로 유지한다는 목적을 위해 일정한 룰에 따라 작동하는 시스템입니다. 어떠한 이유로 이 룰에 반하는 작용을 하면 '자율신경실조' 상태가 되어 몸에 좋지 않은 증상이 나타납니다.

이것을 인간의 행동에 맞춰 말해보면 자율적인 상태란 '자신이 목표로 하는 목적에 이르는 방법, 범위를 스스로 지키는 것'입니다. 감정에 휩쓸려 더 먹고 싶어졌다고 해도 '건강한 자신이 되고 싶다'라는 목적을 향해 자신이 세운 '1일 1,800kcal 이내'라는 규범을 지키는 것이 '자율적이다'라는 것입니다.

2) 환자는 각자의 심신 기능에 따라 자립할 수 있는 능력을 갖추고 있다

복약 서포트의 목적인 '환자의 자율·자립'이란 환자의 심신 능력에 따른 자립을 목표로 하는 것을 의미합니다. 어린아이, 질병, 노화로 인해 판단 능력이 저하된 환자에게는 보호자, 가족, 헬퍼에 의한 서포트가 필요합니다.

그렇다고 해도 환자 본인이 가능한 범위에서 스스로 받는 약물 요법에 대해 알고, 판단하고, 결정하는 부분을 중요시하는 일이 효과적인 치료에 필요한 것도 사실입니다. 환자뿐 아니라 약사를 포함해 주위에서 서포트를 해주는 분들도 목표는 '환자의 질병 치료, 유지'인 것에는 변함이 없습니다.

최근 의료계의 키워드 중 하나로 '팀 의료'라는 말이 거론되고 있습니다. 그런데도 변함없이 환자에게 '○○를 해준다', '○○를 부여한다', '○○를 교육한다'와 같이 의료 제공자가 일단 고압적인 자세를 취하는 표현이 당연한 듯이 횡행하고 있습니다. 환자가 어떠한 상황이든 의료 제공자는 환자의 파트너이며, 함께 '질병의 치료, 유지'라는 목표를 향해 나아가는 것이 팀 의료의 기본적인 사고방식입니다. '환자를 위해 무언가를 해준다'가 아닌 '환자 본인, 약사, 서포트하는 분들이 필요한 것을 역할 분담한다'라는 발상으로 생각함으로써 환자의 심신 능력에 맞춘 역할을 명확하게 하여 그 역할에 맞는 '자율·자립'을 서포트해 나가는 것이 복약 서포트의 사고방식입니다.

3) 약물 요법에 대한 환자의 자율·자립은 약사의 관여에 따라 가능해진다

앞에서 이야기했듯이 약물 요법에서 환자가 자율·자립하기 위해서는 환자 자신이 목표로 하는 방향성과, 현재 상태를 충분히 인식하여 스스로 설정한 행동 규범에 따라서 행동하기 위해서는 기본적으로 '지식의 습득'이 반드시 필요합니다. 약사는 환자에 대해 지식이나 정보를 제공하는 정보원일 뿐만 아니라 자율·자립할 시기에 정신적인 면에서의 서포트 역할도 담당하고 있습니다. 약사의 관여가 있기에 처음으로 복약 서포트의 목적이 달성되는 것입니다.

④ '복약 서포트'에서 코칭의 역할

복약 서포트의 프레임 워크를 [그림 4]에 나타내 보았습니다. 앞에서 언급한(48페이지) 서포트 커뮤니케이션 모델 그림에서 세로축과 가로축이 '건강 행동능력'과 '자기인식도'(병에 대한 지식, 약에 대한 지식, 사회적 입장의 수용)로 치환된 것입니다.

많은 환자는 병에 대한 지식의 인식도가 낮은 단계에서 정신적으로 불안정하여 본래 자신이 바라는 건강한 상태를 이루기 위한 것과는 모순된 행동을 보일 때가 있습니다. 이때 환자는 자기 자신의 질병을 인정하지 않거나 무력감을 느끼는 이른바 '건강에 대한 자기 인식도가 낮은' 단계입니다. 치료에 대해 적극적인 관여가 필요하여 정보 제공과 지도를 해도 거부

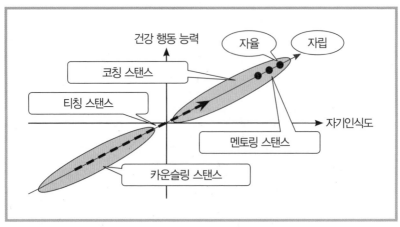

[그림 4] 복약 서포트의 프레임 워크

당하는 경우가 있습니다. 따라서 약사로서의 관여 방식은 상대의 자기인식을 목적으로 한 적극적 경청과 공감, 수용을 중심으로 하는 '카운슬링 스탠스'에 따른 접근이 중심이 됩니다.

자기인식이 높아짐에 따라 스트레스 레벨이 서서히 낮아지고 지도, 교육을 받아들일 수 있는 상태가 됩니다. 이 단계에서 상대의 자주성을 존중하며 약물 요법에 대한 자율, 자립을 향해 서포트해 나가는 '코칭 스탠스'가 기능하게 됩니다.

이 사이에 약사는 초기 단계에서 환자에게 필요한 지식, 정보(복용 방법, 부작용 정보 등)를 제공하는 역할로서의 '티칭 스탠스', 환자의 요구에 따라 조언하는 역할로서의 '멘토링 스탠스'에 따른 접근을 병행하여 구분해서 사용합니다.

이렇듯 복약 서포터의 프레임 워크는 코칭을 기반으로 하며, 다른 서포터 커뮤니케이션과의 조합으로 성립합니다. 물론 환자가 오른쪽으로 점진적이고 순조롭게 자율·자립을 향해 간다고 한정할 수는 없습니다. 어떠한 계기로 퇴행하거나 멈추거나 하는 일도 있습니다. 약사는 그때 그 자리에서 환자가 어떠한 서포터를 필요로 하고 있는지를 관찰하고 적절한 서포터 커뮤니케이션을 선택함으로써 환자의 변화를 서포트할 수 있게 됩니다.

3 | 코칭과 인재 육성

약사의 업무 자체를 되돌아보면 기존에는 커뮤니케이션보다도 처방 체크나 조제업무 같은 리스크 매니지먼트 업무에 중점을 두어왔습니다. 따라서 약사나 직원끼리의 커뮤니케이션도 꼭 필요한 최소한의 지시 커뮤니케이션으로 끝나는 경우가 대부분이었습니다. 왜냐하면 장인 기질이 있는 사람들이 많았으며, '업무는 보고 기억하는 것이지 가르치는 것이 아니다' 라는 풍조 속에서 "자네, 약사가 그런 것도 모르나?", "이 정도는 당연히 알고 있어야 하잖아." 같은 태도를 종종 볼 수 있었습니다.

저는 지금까지의 병원 컨설팅 경험상 약사들은 변화에 대한 경계심이 매우 강한 경향이 있다고 느꼈습니다. 경영 개선을 위해 시스템을 바꾸려고 하면 "지금까지 잘 해왔으니 필요 없다", "만약 방식을 바꾸어서 잘 되지 않는다면 누가 책임을 지는 거야"같은 보수적인 의견이 나오는 곳이 약사들이었습니다. 리스크 매니지먼트 프로세스로서의 인식이 높은 탓인지는 몰라도 매우 보수적인 듯합니다. 의료 과오 대책이나 업무의 효율화에 대한 노력에서도 간호사와 비교하면 조직적인 노력보다도 약사 개개인의 능력 향상을 중시하고 있으며, 실수가 발생했을 때도 속인적인 요인이 클로즈업 되는 경향이 있습니다.

이러한 모든 것이 나쁘다는 것은 아니지만, 조직의 성과를 올리는 데 필요한 '인재 육성', '리더십'이라는 관점에서 보면 '새로운 것을 보는 견해'를 가지는 것도 좋을 것이라고 생각합니다.

그러한 점에서 서포트 커뮤니케이션의 사고방식을 인재 육성에 어떻게 활용할 것인지 생각해 보고자 합니다.

■ 약국 내 커뮤니케이션의 현상

약사 업무는 대형 약국이라 인원에 여유가 있는 약국 이외에는 아슬아슬하게 채운 법정 정원이 모든 것을 소화하는 약국이 대부분일 것이라 생각합니다. 처방전 매수가 적은 곳에는 약사가 한 명이며, 조제 보조가 사무원과 하루 종일 정신없이 바쁘게 움직이고 환자가 찾아들 때까지 밀린 약력을 앞에 두고 한숨을 쉬는 경우가 적지 않을 것입니다.

병원 약사도 지금은 외래가 원외 처방전으로 바뀌었다고는 하지만 원내 조제나 예제제, 원외 약국의 의문 조회 대응과 병동의 복약지도, 원내 각 위원회의 회의 등으로 바쁩니다. 그 사이에 발주하고, 주사약을 건네고, 병동의 약 관리 등을 해야 하기 때문에 보통 바쁜 것이 아닙니다.

모든 직장에서도 조제 중이거나 조제 감사 중에는 당연히 잡담이 금지이며, 환자에게는 의사나 간호사에 대한 불만부터(물론 없는 경우가 대부분이라고 믿고 있으나) 며느리에 대한 험담, 손자 자랑까지 듣고 난 뒤에 자신이 말하는 내용을 10분의 1이라도 들어준다면 감지덕지한 현실이니 약국 직원끼리 느긋이 커뮤니케이션을 하기도 전에 "아 힘들다, 이제 말하고 싶지 않아."라고 느끼는 사람들도 있을 것입니다.

약사의 인재육성에 대해서는 최근 일부 체인 약국에서 계층별 연수 등을 실시하고 있는데, 그 이외의 연수는 외부 세미나에 의한 것이 많은 듯합니다. 대부분의 약국이나 병원의 약제부장 등 관리직은 대인관계 스킬이나 매니지먼트 능력보다도 지식이나 경험에 따라 임명되는 일이 많으며,

조직 운영에 관한 지식이나 기술을 배울 기회도 거의 주어지지 않습니다. 따라서 약국장 자신이 그때까지 체험해온 매니지먼트 스타일을 관리직이 된 후에도 답습하는 경우가 많으며, 조직 구성원의 수나 개성이 변해도 기존 관리 방법을 계속하는 케이스를 많이 볼 수 있습니다.

젊은 직원이 새로운 시도나 관리 방법을 제안해도 "사례가 없다.", "어차피 잘 안 될 거다.", "우리에겐 아직 이르다.", "실패하면 어떻게 할 건데."라는 말로 일축하여 의욕을 잃고 이직하는 약사도 많습니다.

이러한 조직 속에서 성장하는 약사의 대다수는 '그렇다면 무난하게 하라는 대로하자', '적당히 해도 월급을 받을 수 있으니 그걸로 됐어'라는 의식에 빠지게 됩니다.

환자가 의료기관에서 받은 처방전을 가지고 약국에 방문하는 경우도 그렇지만 병원 내 약국에서도 '약만 틀리지 않으면 돼'라는 무언의 합의가 형성되어 있을 수도 있습니다. 물론 지금까지 말한 것과 같은 약국이나 약사만 존재한다는 것은 아닙니다. 제가 지금까지 만나본 약사들 중에는 자신의 업무에 긍지와 자신을 갖고 환자의 만족을 위해 다양한 노력을 하는 약사들이 많이 있었습니다. 그러나 이러한 의욕이 있는 약사들의 입을 통해 앞서 이야기한 약국의 현상을 듣는 것 또한 사실입니다.

② 자율형 직원을 육성하는 것이 '선택받은 약국'의 조건

'환자에게 신뢰받는 약사가 되자!'는 누구나 약학대학을 갓 졸업했을 때 (물론 베테랑이라도) 세우는 목표일 것입니다.

그럼에도 불구하고 '바쁘니까', '우리는 체계가 갖추어지지 않았으니까', '그렇게까지 하면 처방전을 발행한 의사에게 미움을 받으니까' 등 다양한 이유를 들어 본래 자신이 하려고 했던, 또는 하는 편이 좋았다고 생각한 것을 포기하고 있진 않습니까?

'자기 성장을 위해 매일 1시간은 전문잡지를 읽자'라고 정한 일을 '오늘은 일이 길어졌으니까'라든가 '오늘은 갑자기 친구가 만나자고 했으니까'라며 쉬는 동안 어느새 잡지가 산더미를 이루고 있진 않습니까?

분명히 바닥에 쓰레기가 떨어진 것을 봤지만 '오늘은 바쁘니까', '이건 청소하는 사람이 할 일이니까'라며 겨우 1초면 끝나는 쓰레기를 버리지 않고 계시진 않습니까?

부하의 실수나 트러블로 스트레스가 발생했을 때 '내 기분이 나쁜 건 그 사람 때문이니 어쩔 수 없어. 날 화나게 하지 않았으면 좋겠어'라고 생각한 적은 없습니까?

'하지 않는' 이유를 외부로 돌려 '할 수 없는 건 어쩔 수 없다'라고 생각합니다. 자신이 '한다'고 결정한 일에 대해 다양한 이유를 만들어 '하지 않는' 것을 정당화하고 맙니다. 자신의 감정조차도 타인의 행동에 컨트롤 당하고 맙니다. 이러한 것들은 모두 자신의 행동을 자신의 내면이 아닌 '타인'이나 '시스템' 또는 '감정'에 지배받는 상태입니다.

물론 인간은 로봇이 아니기에 감정이 행동을 좌우하는 현실을 받아들여야 합니다. 그러나 '자신이 진정으로 하고 싶은 것', '하는 편이 좋다고 생각하는 것', '자신의 되고 싶은 모습'에 대한 의지를 강하게 가져야 그를 위한 태도나 행동을 '강한 의지'를 갖고 형성시켜 나갈 수 있습니다.

그러한 직원이 많이 있는 약국은 자신의 역할을 다하기 위해 각 직원이 자발적으로 판단해 움직이므로 업무의 흐름이 원활해집니다. 항상 자기 개발을 계속하기 때문에 약사의 질이 향상되고 환자에게 더욱 큰 힘이 될 수 있습니다. 의사나 다른 관계와의 커뮤니케이션을 적극적으로 함으로써 목표나 프로세스를 공유하고 협조하여 환자에게 대응할 수 있습니다.

아무리 실수를 했다고 해도 감정적으로 대하지 않고 냉정하게 요인 분석과 대책을 세우면 재발을 방지할 수 있습니다. 불안해하지 말고 시원스럽게, 쭈뼛대지 말고 냉정하게, 험담하지 말고 온화한 분위기의 약국을 만들기 위해서는 자율형 직원의 양성이 꼭 필요합니다.

3 필요한 리더십이란

리더십이란 다른 멤버와 함께 조직의 목표를 달성하는 사람의 자질이며 기량입니다. 약국에서는 경영자, 간부직원, 지역 매니저, 약국장(관리약사), 차장급인 약국장 대행자 등 이러한 사람들이 리더입니다. 병원에서는 이사장, 원장, 사무장, 약국장, 계장 등이 있겠지요. 병원은 규모 등에 따라 조직 체계가 다르겠지만, 약국에서는 그다지 다르지 않을 것이라 생각합니다.

직함이 붙은 사람만이 리더십이 필요한 것은 아닙니다. 관리직이 되기 전이라도 사원으로서 플레잉 매니저의 역할을 요구받는 경우도 있고, 현장 교육담당자로서 후배 사원의 육성을 맡게 되는 케이스도 있습니다. 즉, 각각의 입장에 맞는 리더십 스타일이 있다고 생각합니다.

특히 현장에 가까운 약국장, 과장이나 교육담당자는 현장 직원을 직접 대하면서 리더십을 발휘하는 입장에 있습니다. 기존의 '이거 해', '저거 해'라는 식의 스타일로 바쁜 현장을 돌볼 수는 있겠지만, 자발적으로 움직이는 직원을 육성할 수는 없습니다. 자발적으로 움직이기 위해서는 각각의 직원이 스스로 생각해야 합니다. 그러기 위해서는 리더가 질문을 해야 합니다.

"지금 이 상황에서는 어떤 업무가 우선 순위가 높다고 생각해?"

"지금의 환자 대응에서 어떤 점이 좋았다고 생각해?"

"더욱 레벨업하기 위해서는 무엇이 필요할까?"

"신뢰받는 약사로서 네가 중요시하고 있는 것은 뭐지?"

상대가 깊이 생각한 뒤에 말한 대답은 아무리 시간이 걸렸다고 해도 질문자가 가르치는 것보다는 훨씬 깊이 상대방의 마음에 새겨질 것입니다. '가르치기' 전에 '질문하기'는 자율형 직원 육성의 포인트입니다.

한편 '마음대로 해도 되니까'라며 언뜻 보기에 자유롭게 놓아두는 것처럼 보여도 실은 업무를 통째로 넘기며 뒷일을 모른 체하는 '방임형' 리더도 있습니다.

그러면서 자기 생각대로 결과가 나오지 않으면 "그런 걸 하라고 말한 기억은 없어!"라든지 "어째서 상의하지 않은 거야!"라고 말하기도 합니다.

어려운 업무나 책임을 지는 포지션을 마음먹고 맡기고 도전하게 하는 일은 상대의 그릇을 넓히는 데 무척 중요한 일이지만 이곳에서 중요한 포인트는 '10 중의 8을 맡겨라'라는 것입니다. 8을 맡기고 남은 '2'가 리더의 역할입니다. 이 '2'에 대해서 생각해 보도록 합시다.

업무를 맡길 때 처음의 '1', 즉 목적과 목표를 명확히 하는 것은 바로 리더의 역할입니다. 목표를 달성하기까지 '방법'은 맡긴다고 하더라도 최종적으로 '무엇을 기대하고 있는가'에 대해 맡기는 측과 맡겨진 측이 같은 이미지를 가져야만 합니다. 끝나고 나서 상대의 '완성'이 자신이 생각한 결과와 전혀 다른 것이 될 수도 있기 때문입니다.

그리고 마지막의 '1'로서 결과에 대한 책임이 있습니다. '맡기는' 측은 리더인 자신이며, 그것은 자신의 책임 아래에서 상대가 기대한 결과를 낼 것이라고 판단한 후에 '맡긴' 것입니다. '결과 그 자체'에 대해서는 리더가 책임을 집니다. 다만 기대에 미치지 않는 결과에 대한 '프로세스'에 대해서는 맡겨진 측이 책임을 집니다. '프로세스'에 대한 책임이란 '같은 일을 맡게 되었을 때 그 다음 스텝은 어떻게 실시할까를 나타낸다'라는 것입니다. 이 점에 대해 리더와 다른 멤버는 확실하게 서로 이야기가 되어있어야 합니다.

4 '지시를 기다리는 사람'을 만들지 않는다

사례를 보겠습니다.

"이번 달부터 약 발주 담당을 자네에게 맡기겠어. 월말 재고는 1,000만 엔 이내로 해주었으면 좋겠어. 물론 절품은 없어야 해. 지금까지는 서브 담당으로서 기존의 방법대로 해주었지만 앞으로는 자네의 방식에 맡기겠어. 본부에 대한 책임은 내가 질 테니 자네 생각대로 해봐."라고 일을 맡깁니다.

일을 맡긴 뒤 부하에게서 상담을 요청받는 일도 있을 것입니다. 상담을 요청받지 않아도 수습할 수 없는 실수가 발생하려는 긴급한 경우에는 조언이나 지시를 해야 합니다. 그러한 경우도 자기 생각을 전달하기 전에 "자네는 어떻게 하면 좋을 거라고 생각해?", "그 방법을 취했을 때 일어나기 쉬운 문제점은 뭐지?"와 같은 질문을 함으로써 상대의 시점이 넓어지고, 스스로 생각하며 판단하게 됩니다. 그러면서 책임을 맡은 직원은 스스로 '더 낫다'라고 생각하는 독자적인 규칙을 설정하고 기대하는 성과를 위해 규칙에 따라 업무를 진행하게 될 것입니다. 바로 '자율형 직원'이라고 할 수 있습니다.

이것이 '티칭(지도·교육)'도 '멘토링(조언)'도 아닌 '코칭 스탠스'입니다. 직원을 명령받은 일만 하는 '지시를 기다리는 인간'으로 만들지 않기 위해서라도 코칭을 꼭 서포트 커뮤니케이션 레퍼토리에 넣어 주셨으면 좋겠습니다.

Part 3

코칭의 마인드, 스킬, 프로세스

→ → →

코칭을 실천하는 데 필요한 3가지 요소는 '마인드', '스킬', '프로세스' 입니다. 이 중 마인드와 스킬은 반드시 필요하며, 프로세스는 상황에 따라 유동적입니다. 예를 들면 스파게티를 먹을 때의 포크를 들 수 있습니다. 마인드는 포크의 손잡이 부분이고 스킬은 끝으로 스파게티를 뜨는 부분입니다. 스킬이 많으면 확실히 많은 스파게티를 떠낼 수 있습니다. 그러나 중요한 손잡이(마인드)가 없으면 포크 자체를 쥘 수 없습니다. 즉, 포크를 사용할 수 없다는 말입니다. 마인드와 스킬 양쪽이 모두 있어야 '사용할 수 있는 포크'가 됩니다. 그러나 스파게티를 먹을 때와 샐러드를 먹을 때는 포크의 사용 방법이 다른데, 이것이 프로세스의 차이입니다. 그렇다면 포크를 떠올리면서 코칭의 실천 방법을 생각해 보겠습니다.

1 | 3가지 코칭 마인드

코칭을 배우기 시작했을 때는 종종 '스킬에 빠지기' 쉽습니다.

뒤에서 이야기할 '경청', '질문' 등을 세미나 등에서 보면 '과연, 이런 방법이 있었구나!'하고 감동하게 됩니다. 그러나 직장에 돌아와서 '자, 해볼까'하고 부하직원을 붙잡고 이것저것 질문을 해도 직원은 "갑자기 무슨 일이신가요?"라며 당황스러운 표정으로 '성가시다'고 생각할 수 있습니다.

코칭은 커뮤니케이션 스킬이 아닌 '사람과 사람 간의 관여 방법', '일을 생각하는 방식'입니다. 스킬은 당연히 필요하지만 그것만으로는 코칭이 될 수 없습니다. 이 '코칭 흉내'를 남발하여 결과적으로 잘되지 않고 '코칭 같은 것은 도움이 안 돼'라고 생각하게 된다면 이는 매우 안타까운 일입니다.

이 점에서 코칭 스킬을 쓰기 전에 코치로서 환자나 직원에게 관여하는 전제가 되는 코칭 마인드에 대해 생각해 보고자 합니다.

코칭 마인드란 코칭이라는 서포트 스타일의 전제가 되는 사고방식입니다. 제가 알리고자 하는 코칭 마인드는 다음의 3가지입니다.

① 신뢰 관계에 근거한다.

② 상대는 상대 자신의 전문가이다.

③ 자기 결정과 자기 책임

이제부터 이 3가지 코칭 마인드에 대해서 생각해 보고자 합니다.

■ 신뢰 관계에 근거한다

1) '신뢰'는 누구의 것인가?

코칭이 아니라도 약사로서 환자 또는 리더로서 직원과 신뢰 관계를 구축하는 것은 당연하다고 생각할 것입니다. 하지만 일부러 여기에서 '신뢰 관계에 근거한다'라는 항목을 코칭 마인드로 내세운 것은 역시 신뢰 관계가 없으면 코칭이 기능하지 않기 때문입니다.

"○○해 주십시오."라는 지시나 "어째서 ○○하지 않는 거야!" 라는 반 협박 같은 명령 등은 그 바탕에 '권위'가 있습니다. 따라서 신뢰 관계의 유무에 관계없이 '해야 한다'는 일이 되어 버립니다. 약사와 환자의 입장에서 말해보자면 '약사 선생님'과 '환자'라는 도식 하에서 약사가 환자에게 '지도하는' 일이 당연한 것으로 여겨지고 있습니다.

이것은 약사, 환자 각각의 '입장'의 차이에 따라 암묵적인 권력 행위가 이뤄지고 있기 때문입니다.

그러나 코칭의 경우에는 상대가 자신의 일에 대해 적극적으로 코치에게 이야기하고 코치의 질문에 마음을 열고 대답해주는 과정에서 상대가 '깨달음'을 얻게 됩니다. 그 결과 행동을 위한 의식화, 자기 결정에 따른 책임의 행동을 위한 모티베이션 향상으로 이어집니다. 코치와 상대와의 신뢰 관계가 없다면 상대의 이야기를 잘 듣고 마음을 열어 자신에 대해 말하는 일은 불가능합니다. 그러므로 코칭이 기능하지 않게 되어 버리는 것입니다.

'신뢰'라는 말에 대한 동사로서는 '준다'든가 '얻는다' 등을 들 수 있습니다. 신뢰 관계가 성립한다는 것은 자신이 상대를 신뢰하면서 상대도 자신을 신뢰하고 있다는 것입니다. '나는 상대에게 신뢰받고 있다'든지 '나는 직원들에게 두터운 신뢰를 받고 있다'라고 생각해도 중요한 상대가 자신을 신뢰하고 있는지 어떤지는 알 수 없습니다. 자신이 환자나 직원의 신뢰를 '얻기'를 바란다면 일단 자신이 환자에게 신뢰를 '주어야' 합니다. 신뢰는 자신의 것도 상대의 것도 아닙니다. 쌍방으로 이뤄지는 것입니다.

2) '무엇을 이야기할까'보다 '누구와 이야기할까'

일반적으로 신뢰란 그 사람의 인격(대화 방법, 행동, 성격 등)과 전문성(능력, 지식, 자격 등)의 조합으로 느껴진다고 합니다. 신뢰 관계에 있는 상대의 말은 그렇지 않은 상대의 말보다도 훨씬 무게가 있습니다.

말한 것은 반드시 실천하며 지식도 경험도 풍부하고 무엇을 이야기해도 받아주는 선배 약사와 언제나 우물쭈물 대며 확실히 이야기하지 않고, 무슨 말을 들어도 적당하게 얼버무리는 선배 약사 중 당신이 지도를 받고 싶고 관심을 가져 주었으면 하는 약사는 어느 쪽입니까?

부모의 입장이 되어 이야기를 들어주고 질문을 했을 때 이해가 가지 않으면 "알아본 뒤에 알려드리겠습니다."라고 확실히 대응해주는 약사와 내 이야기는 거의 듣지 않고 자신이 말하고 싶은 것만 말하며 질문을 해도 대답하지 않고 어물쩍 다른 환자 이야기만 떠드는 약사 중 환자라면 어떤 약사가 상담해주길 바라겠습니까?

만약 양쪽의 약사가 같은 내용을 이야기한다고 해도 상대가 받아들이는 방식에는 현저한 차이가 있을 것입니다. 그 차이는 말할 필요도 없이 '이야기하는 사람의 차이' 입니다. '무엇을 이야기하는가', '어떻게 이야기하는가' 이전에 '누가 이야기하는가'가 중요한 역할을 합니다. 일단 신뢰 관계를 구축하는 것이 최우선입니다.

3) 플라시보 효과와 신뢰

이 책을 읽는 분이라면 아마도 아실 것이라고 생각합니다. 이 '플라시보'라는 말은 라틴어로 '나를 기쁘게 해줘'라는 의미로, 이 말에서 환자를 기쁘게 하기 위한 약효가 없는 약을 가리키게 되었다고 합니다. 임상 상으로는 신약 개발에 대한 이중맹검법이나 향정신성약의 용량 감소 등에 사용되고 있습니다.

이곳에서 플라시보 효과를 언급한 것은 정도의 차이는 있지만 플라시보가 기능하는 요인으로써 심인적인 요소가 강하고, 결과적으로 플러스 효과를 보였다는 사실 때문입니다. 어떤 실험에서 A그룹에게는 베테랑 의사가, B그룹에게는 수습 간호사가 같은 플라시보를 설명하여 복용시켰을 때 A그룹에서 약 70%, B그룹에서 약 20%의 사람들이 플라시보 효과를 보였다고 합니다. 애초에 플라시보 효과의 배경에는 심리적인 작용 이외에도 자연 치료나 기타 요인 등을 들 수 있겠지만 심인적인 요소에 의한 면역의 부활작용에 의한 것이라는 견해도 많다고 합니다.

'그 사람이 추천하는 약이라면 효과가 있을 거야', '그 선배가 말하는 거

니까 틀림없을 거야' 어쩐지 플라시보 효과와 비슷하지 않습니까? 코칭에
서 신뢰 관계가 중요한 점도 이해하셨을 것입니다.

② 상대는 상대 자신의 전문가

1) 상대를 제일 잘 알고 있는 것은 상대 자신

'자신에 대해서는 의외로 잘 모른다'라고 종종 말합니다. 그렇다고 해도 자신이 살아온 과정에서 얻은 지식, 경험, 기술은 그대로 그 사람의 사고 방식, 행동양식 속에 반영됩니다.

자신은 어떤 사람인가? 어떤 습관이 있고 어떤 강점이 있는가? 라고 생각할 수 있는 상황 자체는 적을 것이라 생각되지만 코칭에서는 '상대는 상대 자신의 전문가다'라고 생각합니다. 따라서 상대가 어디로 향하려 하고 있는지, 무엇을 위해 어떻게 해나가야 좋을지 명확하지 않을 때는 상대 자신에게 묻는 것이 좋다고 생각합니다. 상대는 절대 그 대답을 '모르지' 않습니다. 대답은 있지만 그 대답을 '눈치 채지 못할' 뿐입니다.

환자든 약사든 이 책을 쓰고 있는 저 자신도 살아 존재하고 있는 한 항상 변화합니다. 주위가 변화하고 있으니 자신도 그에 적합하게 변화해 나가는 것은 당연하다고 하면 당연한 일입니다. 반대로 주위가 변화하고 있는데 완고하게 변화를 거부하는 사람들도 있습니다.

병에 걸렸으니 약을 복용하고 생활 패턴을 바꿔야 한다고 머리로는 알고 있어도 복용하지 못하거나 기존의 생활 패턴을 계속 유지하는 환자 등이 그 사례입니다. 거기에는 반드시 '변하고 싶지 않은' 이유가 있습니다. 그 이유는 타인이 추측은 할 수 있어도 진짜 이유를 알 수는 없습니다. 알고 있는 건 환자 본인뿐입니다.

그 환자가 정말로 무엇을 바라고 있는가? 바라는 것을 위해 무엇을 하려고 하는가? 저해하고 있는 요인은 무엇인가? 모든 것은 환자밖에 모릅니다. 상대에 대해 제일 잘 알고 있는 것은 상대 자신입니다.

2) 상대가 '눈치 채지 못한' 부분을 자극한다

그렇다면 위와 같은 환자는 자신이 원하는 모습이나 그를 위한 행동 및 현상 인지 등 모든 것을 명확히 한 뒤에 '생활 패턴을 바꾸고 싶다'는 행동 양식을 취하느냐고 묻는다면 반드시 그런 것만은 아닙니다. 알고는 있지만 감정이나 마음이 흘러가면서 진짜 자신이 의도한 목적과 모순되는 행동을 하고 있지는 않을까요?

코칭에서는 코치가 상대의 이야기를 천천히 듣거나 질문함으로써 상대가 자신에 대해 잘 생각하고 많은 이야기를 하도록 촉구합니다. 그러면 상대 자신이 '의식하는 영역'을 늘려갈 수 있습니다. 이는 상대 안에 있는 '눈치 채지 못한 대답'에 눈치 채는 것입니다. 깨닫고 의식하는 영역이 늘어남으로써 애매한 부분이 감소하고 자신의 목적이나 해야 할 행동이 명확해집니다. 그러면 안심하고 행동으로 옮길 수 있게 됩니다.

3) 예방 접종과 코칭

알고 계신 대로 사람의 몸에는 면역 시스템이 정비되어 있습니다. 우리는 보통 그 시스템의 존재조차 의식하고 있지 않습니다. 그러나 한번 이물질이 체내에 침투하여 몸이 이물질을 항원으로 인식하면 이물질을 배출,

파괴하여 자신의 몸을 지킵니다. 이 시스템을 이용하여 미약한 항원을 체내에 투입하여 항원이라고 인식시킴으로써 장래에 질병을 유발할만한 항원과의 조우에 대비하는 것이 예방 접종입니다.

뒤에서 언급할 코칭 프레임 워크, 'GROW 모델'로 생각해 보면 '몸을 정상적인 상태로 유지한다'라는 목표를 향해 이미 갖춘 면역계라는 '자원'을 활용하여 예방 접종이라는 외부로부터의 자극으로 몇 가지의 선택지 중에서 무엇을 '항원'으로 인식하면 좋을지를 명확히 하는 것입니다.

'항원' 인식은 외부로부터의 관여로 가능합니다. 그러나 거기에 '예방 접종이라는 자극을 주면 몸속에서 항원으로서 인식하는 시스템'(=면역계)이 '상대 속에 있다'라는 것을 믿지 않으면 예방 접종도 의미가 없습니다.

코칭도 똑같습니다. 상대의 이야기를 잘 듣고, 질문한다는 관여 방식이나 커뮤니케이션의 스킬이 아닌 '상대의 자질을 믿는다'라는 신념이 코칭의 본질입니다.

1) 왜 코칭이 가능한 것일까

'해라!'라고 지시받은 일은 어쩔 수 없이 하지만, 자신이 '하겠습니다!'라고 선언한 일은 '말을 한 이상 꼭 이루고 싶다'라고 생각하지 않으십니까? '해야 한다!', '하지 않으면 안 돼!'라고 생각하는 일은 달성한 직후에 달성감은 있을지 몰라도 그 과정에서 압박감이나 달성 후의 허무감을 느끼는 분들도 많으실 것입니다. 이른바 '시켜서 하는 일'이라는 것은 이러한 타입입니다. 한편 '하고 싶다!'라고 생각하는 일은 하는 과정도 재미있다고 느끼고, 끝난 뒤에도 충실감을 느낍니다.

코칭 과정에서 상대에게 일어나는 것은 상대가 바라는 목적과 그를 위한 행동의 '의식화'와 코치라는 자신 이외의 사람에게 스스로의 말로 선언하면서 생겨나는 '책임감'입니다. 코칭에서는 상대가 스스로 '한다'라고 말한 일은 분명히 해낸다'라는 상대에 대한 신뢰가 전제입니다. 코치는 상대를 신뢰하고 상대도 '코치는 나를 신뢰하고 있다'라는 의식을 가짐으로써 자기 책임은 강화됩니다.

평소에는 제대로 약국에 얼굴도 내밀지 않지만 가끔 와서는 교묘한 말만 하고 돌아가는 제약회사 사람들에게는 "그래, 알았어. 이번엔 그쪽에서 주문할 테니까."라고 말하고는 다음 날에는 그런 말을 한 것조차 기억하지 못합니다. 실제로 그 제약회사의 제품을 발주하는 일은 희박할 것입니다.

한편 꾸준히 얼굴을 내밀고 다양한 정보를 제공하며 상담에도 적극적으로 응해주는 제약회사의 사람이 "이번 달은 잘 부탁드립니다!"라고 말했을 때, "알았어, 발주해 줄게."라고 한 말은 3일이 지나도 기억에 남습니다. 의식에 남아있기 때문입니다. 이 점에서 "말했으니까 진짜 주문을 해볼까." 라는 마음이 들어 실제로 행동으로 옮길 확률이 훨씬 높아집니다. 자신의 말에 대한 책임감은 전달하는 상대와의 신뢰 관계에 따라 크게 좌우됩니다. 그러기에 코칭은 신뢰 관계에 근거합니다.

2) 선택과 자기 결정

자신의 말에 책임을 지기 위해서는 그 행동을 '자신이 정할' 필요가 있습니다. 스스로 정하지 못하는 행동은 '지시, 명령'이 되며, 자신의 의지가 개입할 여지가 없습니다. 따라서 상황에 따라서는 '하고 싶지도 않은데 시켜서 하고 있다'라는 감정이 생겨 행동의 '스피드가 떨어진다', '질이 떨어진다' 또는 '행동하지 않는다'와 같은 사태에 빠집니다.

그러나 스스로 선택한 행동이라면 그것은 자신의 의지에 의한 것이므로 납득감이 높아집니다. 코칭에서도 제안하는 일은 있습니다만 그 제안을 받아들일지 어떨지에 대한 선택권은 상대에게 있습니다. 받아들여서 '하는' 방법도 있는가 하면, '제안한 내용을 스스로 재구성하여 실시한다'는 방법도 있으며, '하지 않는다'는 선택지도 있습니다. 물론 '하지 않는다'는 선택지에 따라 생기는 결과를 받아들이는 것도 상대 자신입니다.

그렇다면 코치로서 아무 것도 관여하지 않아도 좋은가라고 묻는다면 그건 절대 아닙니다. 상대가 선택하려고 하는 행동의 프로세스, 그를 위해 필요한 지식이나 기술, 행동의 결과에 대해 상대가 충분히 명확하게 인지했을 때, 상대는 자신을 위한 최선의 선택을 할 수 있습니다. 상대는 상대 자신의 전문가입니다. 어떠한 행동을 할 때 어떻게 되는지는 상대가 잘 알고 있습니다. 코칭 과정에서 깨닫고 의식화 하는 것은 상대 자신입니다. 의식화를 촉구하는 것이 코치의 역할입니다. 그러한 의미에서 코칭은 코치와 상대의 협동 작업이라고 할 수 있습니다.

3) 인폼드 콘센트(Informed consent)와 코칭

'설명과 동의'라고 번역되는 말로 의료 관계자들 속에서 많이 사용되고 있습니다. 원래는 의료 소송 시 의사의 자기 방어에서 비롯된 이 개념은 오늘날 '환자에게 제공 가능한 의료에 관한 정보, 선택지의 제공과 환자 자신의 선택, 의사 결정에 따른 의료 행위에 대한 동의'라는 의미로 사용되고 있습니다.

환자 중심형 의료가 제창되고 있는 오늘날에는 당연한 듯이 검사 동의서나 입원 동의서, 수술 동의서 등에 환자가 날인을 하고 이것으로 인폼드 콘센트가 완료됩니다. 확실히 옛날과 비교해보면 의사에게 받는 진단이나 치료에 관해 알기 쉽게 설명을 들을 수 있는 기회가 늘어났습니다. 그 덕분에 환자 자신도 안심하고 의료를 받을 수 있게 된 점도 사실이라고 생각합니다.

하지만 한편으로는 어려운 수술이나 검사를 앞두고 설명을 들어도 이해할 수 없는 내용에 환자가 한숨을 쉬고 압박을 받으며 이유도 알지 못하고

'동의'하는 경우도 있습니다. '스스로 선택하고 싶지 않은 환자도 있지 않을까'하고 느끼는 것은 저뿐일까요? '설명'과 '동의' 사이에 '이해'와 '납득'이 들어가야 비로소 환자가 스스로 받는 의료에 대해 '자기 결정'이 의미를 갖는다고 저는 생각합니다.

이 점에서 인폼드 콘센트를 사례로 언급한 것은 코칭에 있어서도 이 '자기 결정'의 의미가 중요하다고 느끼기 때문입니다. 아무리 선택지가 많이 있다고 해도 그 하나하나에 충분한 이해나 견해가 없다면 스스로 선택지를 정했다고 해도 그것은 '일단 선택한 일'일 뿐이며, 진짜 의미에서의 선택의 결과에 '책임'을 졌다고는 할 수 없기 때문입니다. 그러므로 납득하지 않고 '선택을 강요당한' 일에는 행동이 따라오지 않습니다.

사례를 들어보겠습니다. 약사가 어떤 학회에서 환자 커뮤니케이션에 대해 연구하여 발표하고 싶다는 생각을 해도 근무하는 약국의 상사에게 "그것은 다른 사람이 하기로 되어 있으니 리스크 매니지먼트나 재택을 해봐. 어느 쪽이 좋아?"라는 말을 듣는다면 '모처럼 의욕이 생겼는데… 그런 건 흥미가 없는데'라며 낙담할 것입니다. 또한 재택방문 약제관리 지도를 담당한 적도 없다면 무엇을 해야 좋을지 불안해집니다.

하지만 리스크 매니지먼트를 연구하는 일, 재택방문 약제관리 지도 업무를 연구하는 일이 자신에게 어떤 의미가 있는지 그 내용은 어떠한 것인지 구체적인 연구 프로세스나 협동하여 진행할 직원들의 얼굴, 상사나 회사로부터 얻을 수 있는 협력, 회사로부터 받는 기대 등 이 하나하나의 요소가 명확해지면 '그렇다면 한번 해보고 싶어'라는 생각이 들지도 모릅니다.

인폼드 콘센트가 제대로 일본 의료계에 정착하기까지는 아직 다양한 과제가 남아있습니다. 그러나 코칭에서 진정한 의미의 '자기 결정'과 '자기 책임'은 빼놓을 수 없는 실천 가능한 전제 조건이라고 저는 믿고 있습니다.

2 | 4가지 코칭 스킬

    실제로 직장에서 직원이나 환자를 대할 때 필요한 것이 코칭 스킬입니다. 여기에서는 4가지 기본적인 스킬, '경청', '질문', '제안', '인정'에 대해 소개하겠습니다.

    이러한 기본 스킬은 이 책을 읽으시는 분들도 이미 충분히 의식하고 있을지도 모릅니다. 그러므로 여기서는 방법 그 자체보다도 각 스킬이 코칭 속에서 어떤 의미를 가지고 있는지를 중점적으로 다루어 보고자 합니다.

■ 1 경청-상대의 마음을 연다

1) 커뮤니케이션이란 본질적으로 무엇일까?

코칭의 기본 스킬 중에서 제일 중요한 것이 '경청'입니다. 경청이란 적극적으로 잘 듣는 것이며, 상대의 이야기를 공감하면서 들으려 하는 태도 그 자체입니다.

경청에 대해서 생각하기 전에 애초에 커뮤니케이션이란 무엇인가에 관해 확인해 보겠습니다. 커뮤니케이션이란 '상대가 전하고 싶은 정보를 문자나 말로 받아들여 자신 안에서 그 정보를 해석하고 상대에 대해 새로운 메시지를 발신하는 일련의 사이클'입니다. 이 프로세스 중에 개입하는 '말'이나 '말'에 수반되는 '목소리의 톤, 크기' 등의 음성 정보, 전달하는 과정에서 상대가 표현하는 '표정'이나 '태도' 등의 시각정보를 정보의 전달 수단으로서 듣는 입장인 자신이 받아들이는 것입니다.

미국의 언어학자인 알버트 메라비안의 '메시지는 무엇으로 전달되는가'를 주제로 한 연구에 따르면 상대가 전하는 메시지를 받아들인 경우, 그 메시지에서 받을 수 있는 영향 요인과 그 정도는 언어 7%, 음성 38%, 시각 55%였다고 합니다.

언어 체계가 다른 나라의 보고이고 연구 방법이나 목적을 생각해 보면 '그러니 말보다도 말하는 방법이 중요한 거야'라고 결론짓기에는 조금 성급하고 위험성이 있습니다. 다만 저는 상대를 이해할 때 언어만을 다루는 것이 아닌 목소리나 태도를 잘 관찰해야 한다는 점을 시사하는 알기 쉬운 실험결과로 받아들이고 있습니다. 그렇다면 이러한 것을 바탕으로 경청에 대해서 생각해 봅시다.

2) 어째서 잘 '듣는' 것이 중요한가?

이것은 이야기를 들어주는 상대의 입장에서 생각해 보면 잘 알 수 있습니다. 당신은 지금까지 누군가에게 속 깊은 자신의 이야기를 들려준 적이 있습니까? 상대가 끼어들거나 평가하는 일 없이 의견이나 제안도 개입 받지 않고 오직 상대가 들어준 경험 말입니다.

그때, 어떻게 느꼈습니까? 제가 실험하고 있는 코칭 연수에서는 3~5분으로 시간은 짧지만 오직 상대의 이야기를 듣는 운동을 반드시 도입시키게 하였습니다. 그 참가자들의 감상은 '이야기해서 개운해졌다', '입으로 내뱉으니 생각이 정리되었다', '내가 이렇게 생각하고 있었다는 것을 다시 의식했다', '좀 더 이야기하고 싶다고 생각했다' 등 다양했습니다. 그리고 하나같이 입을 모아 '이렇게 제대로 이야기를 들어주는 일은 대체적으로 없었다'라고 말합니다. 그 이야기가 자신이 이야기 하고 싶은 주제와 맞는다면 "시간 다 됐습니다."라고 이야기를 해도 전혀 멈출 기색 없이 "시간이 부족하군요."라고 말하곤 합니다.

연수 참가자가 느낀 대로 사람은 이야기하면서 자신의 목소리를 스스로 듣습니다. 그때 '아아, 나는 이렇게 생각하고 있었구나!' 하고 스스로 깨닫는 경우가 있습니다. 또한 이야기하면서 이야기를 만들어내는 감각을 느끼는 경우도 있습니다.

보통 자신 안에서 '생각하는 것'은 막연한 개념입니다. 이것을 말의 형태로 상대에게 전하고 종이에 쓰는 등 상대에게 메시지로서 전달하는 것을 전제로 아웃풋 함으로써 스스로의 '생각'이 정리됩니다. 이야기함으로써 깨닫고 정리하고 의식화하는 것입니다.

또한 상대가 참견하거나 평가하는 일 없이 이야기를 들어주면 '자신을 받아주었다'라고 느낍니다. 사람은 자신을 받아주는 상대에게는 호감을 느끼는 경향이 있습니다. 그와 동시에 비판을 받지 않으므로 이 사람에게는 무슨 말을 해도 안심이라고 느낍니다. 이것이 '신뢰'로 이어지는 것입니다.

3) '듣기'를 방해하는 요인은 무엇일까?

상대의 이야기를 듣는 일이 중요하다고 알고 있어도 의외로 상대의 이야기를 듣지 않는 경우가 있습니다. 이렇게 말하는 저도 코치라는 일을 하면서 클라이언트의 이야기를 듣지 않은 적이 있습니다. 평소에는 역시 듣는 것보다도 이야기하는 것을 좋아합니다.

상대의 이야기를 제대로 듣지 않는 요인은 크게 다음의 3가지로 분류할 수 있습니다.

(1) 환경의 요인

주위의 소리 등으로 시끄럽다, 주위 사람들의 눈이 신경 쓰인다, 시간이 신경 쓰인다, 때로는 냄새나 기온이 신경 쓰인다와 같은 상태는 상대의 이야기에 집중하지 못하고 청취를 방해하는 요인이 됩니다. 장소를 바꾸거나 시간을 바꾸어 이야기에 적합한 환경을 마련하면 문제는 해결됩니다.

복약지도를 할 때든 직원과 대화를 할 때든 도중에 대화가 끊기지 않도록 하기 위해서라도 사전에 천천히 이야기할 수 있는 환경을 만들어야 합니다.

(2) 이야기하는 측의 요인

상대가 사용하는 말이 전문용어이거나 방언 또는 상황에 따라서는 같은 세대끼리만 통하는 말이거나 하는 이유로 이해할 수 없는 경우가 있습니다. 또한 이야기하는 상대가 감정적이거나 말수가 적거나 하여 듣는 쪽이 아무리 귀를 기울이고 상상력을 발휘해도 이야기의 핵심을 이해할 수 없는 경우가 있습니다.

이러한 상황에서는 듣는 쪽이 '더 이상 들어도 이해할 수 없겠다'라는 생각이 든 시점에서 말의 의미를 묻고, 그때까지 상대가 이야기한 내용을 요약하여 자신이 올바르게 이해했는지 확인하는 등의 대응으로 조금씩 상대의 이야기를 이해할 수 있게 됩니다.

모쪼록 이해하지 못하는데 듣는 척하거나 이야기하는 사람에게 문제가 있다며 불쾌감을 나타내지 말아 주시기 바랍니다.

제 연수 프로그램에 참여한 한 남성 약사는 홋카이도 해변의 약국에서 막 근무를 시작했을 때, 환자가 그 지역 특유의 이른바 '바다 지방의 말'로 말을 걸어온 적이 있었다고 합니다. 하루라도 빨리 그 지역에 적응하고 싶었던 그는 그 사람이 무슨 말을 하는지 전혀 모르는 상태로 적당히 맞장구를 치면서 미소를 띠고 이야기를 들었는데 대화 끝에 환자에게서 "당신, 내가 한 말 하나도 이해하지 못했지?"라는 말을 듣고 아연실색했다고 합니다. '듣는 척'은 신뢰 관계가 무너지고 상대는 더 이상 이야기를 하지 않게 됩니다. 상대가 이야기하는 내용을 이해할 수 없다면 "이해하지 못하겠습니다. 알려주십시오. 꼭 당신의 이야기를 듣고 싶습니다."라는 자세를 취하는 게 제일 성실한 태도가 아닐까요? 겉모습뿐만 아니라 마음속으로 상대의 이야기를 '듣고 싶다'라고 생각한다면 자연히 이렇게 확인하고 싶어질 것입니다.

(3) 듣는 사람의 요인

사실 상대의 이야기를 들을 수 없는 제일 큰 요인은 듣는 사람인 자기 자신에게 있는 경우가 대부분입니다. 그중에서도 있을 법한 경우는 상대가 이야기하는 동안 '다음에 내가 무슨 말을 할까?'라든지 '어째서 이 사람은 이렇게 생각하는 걸까'라고 머릿속으로 딴 생각을 하는 바람에 상대의 이야기가 붕 떠버리는 케이스입니다.

마찬가지로 상대의 이야기를 듣고 자신의 과거 체험이나 다른 사람의 이야기를 겹쳐서 듣거나 '내 의견과 똑같다', '그건 틀린 이야기잖아' 등 자신의 기준과 대조해서 들으면 상대의 이야기를 듣지 못하게 됩니다. 이런 생각이 커지면 상대의 이야기를 끊고 자신의 이야기를 시작하게 됩니다. 그 단계는 이미 경청이라고 할 수 없지요.

그러나 우리 주변에서는 아마 자주 일어나고 있는 일일 것입니다. '오늘은 이러이러한 것을 지도하자'라고 생각하면서 환자의 이야기를 들어도 환자가 모처럼 이야기하는 내용이 귀에 들어오지 않습니다. 대기실의 환자가 신경 쓰여 눈앞의 환자의 이야기를 끊고 자신이 하고 싶은 말만 전하는 경우도 있습니다. 후배의 의견이나 제안을 마지막까지 듣지 않고 '그건 무리야'라든지 '그건 틀리잖아'라고 말하기도 합니다. 경청하는 것은 의외로 인내력을 요하는 일일지도 모릅니다.

4) '사람은 자신이 듣고 싶은 내용을 상대의 이야기로 듣는다'

이상 3가지의 '경청할 수 없는 요인'을 들어보았습니다. 요점은 '사람은 자신이 듣고 싶은 내용을 상대의 이야기로 듣는다'는 것입니다. 상대가 정보를 전하기 위해 사용한 말을 자신이 해석하는 단계, 자신의 메시지가 상대에게 전달되어 상대가 해석하는 단계에서 필터를 거칩니다. 이 필터는 한 명 한 명이 지금까지 살아오면서 습득한 가치관이며, 기준이고, 사물에 대한 견해이기도 합니다. 따라서 필터를 없앨 수는 없으며 그럴 필요도 없습니다.

예를 들면 연필꽂이를 가리키며 "잠깐 그 펜 좀 집어줘."라고 부탁을 하면 상대에게 샤프펜을 집어주는 사람도 있고, 볼펜을 집어주는 사람도 있습니다. 마커를 집어주는 사람도 있을지 모릅니다. '펜'이라는 단어가 무엇을 의미하는가는 사람마다 제각각이며 메시지를 보내는 측과 받는 측이 똑같다고는 할 수 없기 때문입니다.

'좌약'을 앉아서 내복했다는 이야기가 약사들 사이에서는 유명한데 이

또한 말을 하는 측과 듣는 측이 공통적으로 인식되지 않아 발생한 사태입니다.

중요한 점은 '한 사람 한 사람 다른 필터를 갖고 있다'는 것을 인식하는 것, 그 뒤에 자신의 필터(듣는 측)를 의식하고 가능한 한 그 필터망이 넓어지도록 상대의 이야기를 그대로 받아들이려 하는 것입니다. 자신의 필터를 의식하면 상대의 이야기를 들으면서 '나는 지금 상대의 이야기를 앞질러서 결론을 내려고 하는군'이라든지 '나는 지금 상대의 이야기가 좋다, 나쁘다를 판단하고 있군'이라는 생각이 내면에서 생겨난다는 걸 깨달을 수 있습니다. 깨달을 수 있다면 그것은 스스로 컨트롤할 수 있습니다.

약국 경영자와 간부를 대상으로 한 연수 중 어떤 참가자가 했던 이야기가 지금도 기억에 남아있습니다. "저는 지금까지 직원과 커뮤니케이션을 잘 하고 있다고 생각했습니다. 계속 말을 걸고, 이야기도 듣고 있었다고 생각합니다. 하지만 지금 생각하면 제가 듣고 있었던 것은 '내가 알고 싶었던 것'이었으며, '상대가 이야기하고 싶었던 것'에 초점을 맞추지 않았다고 생각합니다." 자신이 스스로의 필터로 깨달은 순간이었습니다.

5) '듣는 방법'의 3가지 레벨

'듣기'라고 한 마디로 말해도 듣는 방법에 따라 자신에게 들리는 내용은 달라집니다. 당연히 그에 대한 자신의 반응, 상대 안에서 생겨나는 생각은 다를 것입니다.

⑴ 자신을 위해 듣기

제1레벨은 '자신을 위해 듣기'라는 방법입니다. 이 단계에서는 상대의 메시지가 '내게 어떤 의미를 가지는가'를 해석하는 것에 초점이 맞추어져 있습니다. 바꿔 말하면 듣는 사람인 '자신'에게 초점이 맞춰진 듣기 방법입니다. 따라서 상대의 이야기를 듣고는 있어도 그에 대한 자신의 의견이나 생각을 전하는 데에 더 힘을 쓰고 맙니다.

⑵ 상대를 위해 듣기

제2레벨은 '상대를 위해 듣기'라는 방법입니다. 이 단계에서는 상대의 메시지를 받아들여 '상대는 무슨 생각을 하고 무엇을 느끼고 있는 걸까. 무엇을 하려고 하는 걸까'에 초점을 맞추고 있습니다. 자신이 아닌 '상대'에게 의식이 맞춰진 청취 방법입니다. 상대에게 의식이 집중되어 있으므로 상대의 말이나 행위, 표정 등을 통해 상대를 이해할 수 있습니다.

⑶ 순수하게 듣기

제3레벨은 '순수하게 듣기'라는 방법입니다. 상대의 말이나 태도뿐만 아니라 자신의 주위에서 일어나는 모든 일을 통해 '느끼는' 단계입니다. 보통 일상 커뮤니케이션 속에서는 이 레벨로 대화하는 일은 거의 없습니다. 하지만 환자에게서 웃는 얼굴로 "괜찮아. 아무 문제도 없고 약도 잘 먹고 있으니까."라는 말을 듣고도 "평소와는 좀 다르군. 뭔가 있는 게 아닐까."라고 직감적으로 느낀 적은 없습니까? 상대와의 신뢰 관계가 구축되어 깊은 커뮤니케이션을 취할 수 있는 관계가 되었을 때 눈이나 말로는 나타나지 않지만 전달되는 메시지를 받아들이는 경우가 있습니다. 이때는 직감을 통해 '순수하게 듣기'를 하는 것입니다. 오히려 '느낀다'라는 편이 감각적으로는 가까울지도 모릅니다.

이 책을 읽는 분들이시라면 이미 제2레벨로 듣고 있는 분들이 많을 것으로 생각됩니다만 제3레벨로 가기 위해서는 트레이닝을 할 필요가 있습니다. 말과 태도에 구애받지 않기 위해서는 언제든지 '느끼는 안테나'를 세울 수 있도록 자신의 감수성을 갈고 닦아두어야 합니다.

6) '들어주었다'라고 상대가 느끼는 '듣기' 태도

저에 대한 이야기라 부끄럽지만 저는 코치 일을 하고 있으면서도 집에서는 '이야기를 듣지 않는 남편, 아버지'로 평판이 좋지 않습니다. 제가 신문을 읽으면서 아내의 이야기를 들으면 "당신, 전혀 내 이야기를 듣고 있질 않잖아!"라고 한소리를 듣습니다. 제가 목표로 하는 '코치의 인생은 코치답게'에는 아직 이르지 못한 미흡한 단계입니다.

저의 이야기를 언급할 필요가 없을 정도로 '듣기'라는 행위와 그 태도는 밀접하게 연관되어 있습니다. 위의 레벨2 이상의 단계에서는 자신과 상대의 눈이 마주쳤을 때 끄덕이거나 맞장구를 칩니다. 이야기하는 측과 듣는 측의 목소리 톤이나 스피드, 행위나 표정이 닮아가게 됩니다. 상대의 이야기를 이해하려고 내용을 듣고 다시 반문하여 확인하거나 상대의 말을 반복합니다. 그러면 그 자리에서 일체감이 생겨나 이야기하는 쪽은 안심하고 이야기를 할 수 있게 되고 듣는 쪽은 이야기하는 쪽의 마음속 깊은 곳까지 이해할 수 있게 됩니다.

대부분의 사람들이 이러한 태도를 무의식적으로 취하고 계실 것이라 생각합니다. 반대로 말하자면 이러한 태도를 자신이 취하지 않을 때는 경청하려고 하지 않고 있으며, 경청하려고 해도 듣지 않고 있을 가능성이 있다는 이야기입니다. 상대가 '이야기를 들어주고 있다'고 실감할 수 있는 태도는 어떤 태도일까를 의식함으로써 '듣고 있지 않은 자신'을 의식할 수 있습니다. 마음가짐은 스스로의 태도로 나타나게 됩니다. 그렇기에 '듣고 있는 자신'을 확인하는 한 가지 수단으로써 지금 한 번 자신의 '듣는 태도'를 돌아봐 주십시오.

② 질문 - 상대에게 깨달음이 생겨난다

1) 누구를 위한 질문인가?

상대가 많이 말하게 하는 방법 중 한 가지는 앞서 말한 '경청'입니다. 또한 가지 상대가 이야기하는 계기가 되는 것은 '질문에 대답하는 것'입니다. 아마도 많은 약사가 복약지도 시에 환자에게 많은 질문을 할 것입니다. 다만, 코칭에서의 질문은 평소에 우리가 종종 사용하는 질문과는 목적도 방법도 다릅니다. 무엇보다 코치로서 관여할 때, '지도'할 때와는 그 근원이 되는 마인드부터 다릅니다. 이 점을 자세히 생각해 보겠습니다.

우리가 일상생활에서 질문하는 상황을 생각해 봅시다. 예를 들면 세미나에 참가하여 이해할 수 없는 점이 있어서 질문하는 것은 종종 있는 케이스라고 생각합니다. 가정에서도 직장에서도 잘 모르는 것을 질문합니다. 이것도 질문입니다. 복약지도에서는 환자의 정보를 모으기 위해 앙케트나 구두로 인터뷰를 하는 경우도 있습니다. 이것도 질문입니다. 부하가 실수했을 때 "왜 그런 거야?" 또는 상사에게 판단을 요구하기 위해 "어떻게 하면 좋을까요?" 등이 모두 질문입니다. 이러한 질문의 공통된 점은 '자신이 알고 싶으니까'입니다. 자신을 위해 질문하고 있는 것입니다.

한편 코칭에서는 '상대를 위해' 질문합니다. 코칭의 마인드를 떠올려 봅시다. '상대는 상대 자신의 전문가'입니다. 상대가 목표로 하는 것, 상대가 하고 싶어 하는 것은 모두 상대 안에 있습니다. 그 상대의 '알고 싶은 것'을 명확히 하는 서포트가 코칭입니다. 그러므로 코칭에 대한 질문은 '상대가 알고 싶은 것'에 대한 질문입니다. 신기하게도 사람은 평소 생각하지 못한 것, 의식하지 못한 것일지라도 질문을 받으면 생각하고 대답을 찾으려 합니다. 또한 그것이 자신이 알고 싶은 것, 노리는 목표를 위한 것이 된다면 더욱 그렇습니다.

상대가 질문의 대답을 생각해 '앗'하고 깨달았을 때, "이거였구나…"하고 말로 내뱉었을 때, 상대의 의식 안에 있던 것이 표면화되어 애매했던 점이 명확해집니다. '의식화'되는 것입니다. 상대 안에서 목표나 목표를 위한 행동이 명확해졌을 때 '해야 하는 것에 대한 불안'이 경감되고 '해보자!'라는 의욕이 생겨납니다. 그것을 "하겠습니다!"라고 명확히 선언함으로써 '자기 책임'을 느끼고 행동이 더욱 확실해집니다. 여기에 코칭에서의 질문의 의의가 있는 것입니다.

2) 닫힌 질문, 열린 질문

질문이라고 해도 그 목적이나 기대하는 답에 따라 몇 가지의 분류 방법이 있습니다. '닫힌 질문(closed question)'과 '열린 질문(opened question)'도 그러한 것 중 한 가지입니다. 그 차이와 사용 상황을 각각 생각해 봅시다.

(1) 닫힌 질문

닫힌 질문이란 "yes" 또는 "no"로 대답할 수 있는 질문입니다. "지시대로 약을 복용하고 있습니까?", "약의 발주는 끝났나?" 등은 질문 받은 상대가 "네", "아니요"로 대답할 수 있습니다. 따라서 대답하는 측에서는 대꾸하기 쉬우며 대부분의 경우에는 즉시 대답을 할 수 있습니다.

그러기 위해 상대와 커뮤니케이션의 시작 등 말로 하는 커뮤니케이션을 원활하게 하고 싶은 경우 등에는 유효합니다. 또한 위의 예시와 마찬가지로 상대의 행동이나 의사를 확인할 때 등에도 사용할 수 있습니다.

한편 대답이 '네' 또는 '아니요'로 끝나버리므로 그 이상 대화가 이어지기 어렵다는 단점도 있습니다. 또한 닫힌 질문만을 반복하면 상대가 심문을 받는 듯한 기분이 들기도 합니다. 그 점에서 열린 질문을 효과적으로 조합해나갈 필요가 있습니다.

(2) 열린 질문

열린 질문이란 상대가 "yes", "no"로 대답할 수 없는 질문입니다. "약을 복용하고 어떤 변화가 있었습니까?", "같은 실수를 반복하지 않기 위해 뭐가 필요하다고 생각합니까?" 등은 "네", "아니오"로는 대답할 수 없으며 상대가 느낀 점, 깨달은 점, 생각한 점, 행동하고 있는 점을 말로 설명하게 됩니다. 그렇기에 상대의 의식에 있는 것은 바로 대답할 수 있지만 대부분은 한 번 생각하고 대답을 정리한 뒤에 대답하게 됩니다.

열린 질문에 대한 대답에는 더욱 개별성이 높은 정보가 포함되어 있으므로 커뮤니케이션이 깊어지기 쉽다는 장점이 있습니다. 또한 상대가 어떤 점을 요구하고 있는지 어떤 행동을 일으키려 하고 있는지 등 현재 상대의 의식상에는 없지만 질문을 통해 생각하고 대답을 도출하는 과정에서 상대 안에서 새로운 깨달음이 일어나는 경우가 있습니다.

한편 대답이 길어지거나 대답을 하기 위해 생각할 시간이 필요한데 시간이 없는 경우 등에는 대답하는 상대가 정말로 전달하고 싶은 것을 전달하기 어려울 때가 있습니다. 또한 질문하는 측과의 신뢰 관계가 구축되지 않았을 때도 개별성이 높은 질문에는 대답하기 어려워집니다.

(3) 어떻게 구분해서 쓸 것인가

복약지도를 할 때 약사의 질문에는 닫힌 질문이 많이 사용됩니다. "알레르기는 없나요?", "그 뒤 변화는 없었나요?", "이 약에 대해 모르는 건 없나요?" 모두 "네", "아니오"로 답할 수 있는 질문입니다. 이것을 혼잡한 대기실 안에서 사용하면 환자는 "네, 없습니다."라고 대답하고 달아나듯 돌아가 버리는 경우가 많지 않을까요. 약사 입장에서 보면 짧은 시간 안에 필요한 정보를 환자에게서 수집하여 그에 대한 지도 및 정보 제공을 해야 하기 때문에 이러한 질문 방법을 취하게 되는 것입니다.

한편 닫힌 질문은 대답하기 쉬우므로 처음 방문한 환자와 앞으로 신뢰 관계를 쌓을 생각이라면 처음에는 닫힌 질문부터 들어가는 것이 좋습니다. 질문에 대답하는 사이클을 반복하면 그 후의 열린 질문에 대답하기 쉬워집니다.

이러한 닫힌 질문을 "알레르기라고 생각한다면 어떤 것입니까?", "그 뒤 컨디션이 어떻게 변화했습니까?"라고 열린 질문으로 해보면 분명 환자는 조금 생각한 뒤 대답해줄 것입니다. 물론 "알레르기라고 생각한 적은 없습니다."라든지 "아니요, 특별히 컨디션 변화는 느끼지 못했습니다."라는 대답도 할 것입니다.

한편 질문에 대해 사고의 초점이 '이러한 점이 있는가 없는가?'에서 '있다고 한다면 어떤 것이 있는가?'에 맞추어져 있기 때문에 상대 내면의 더욱 상세한 지식이나 정보를 얻을 수 있습니다. 그것은 약사에게 필요한 정보임과 동시에 환자에게도 필요한 정보입니다. 자신의 몸 상태를 객관적으로 되돌아보는 기회이기 때문입니다.

3) '어째서(Why)'의 사용 방법

저는 무의식적으로 "어째서?", "왜?"라는 말을 사용합니다. 상대방에게 이유를 요구할 때 사용하는 경우가 많은데 이 '어째서(Why)'를 사용할 때는 주의가 필요합니다.

예를 들면 환자가 혈액 검사에서 혈당 조절이 제대로 이뤄지고 있다고 알려주었다고 합시다. 그때 약사에게서 "역시 그렇군요! 왜 이렇게 조절을 잘 하고 계신 건가요?"라고 질문을 받는 것과 "어떻게 조절을 잘 하신 건가요?"라고 질문을 받는 것은 느낌이 다르다고 생각하지 않으신가요?

만약 여러분이 실수를 했을 때 "왜 이런 실수를 한 거야?"라는 말을 듣는 것과 "이 실수는 무엇이 문제였을까?"라는 말을 듣는 것 중 받는 느낌이 꽤 다르지 않나요?

'어째서(Why)'는 사용 방법에 따라서 상대에게 '의심받고 있다', '신용 받고 있지 않다', '책망 당하고 있다'는 느낌을 줄 수 있습니다. 그러면 진정한 대답을 얻기 힘듭니다. 이럴 때는 '어째서(Why)'가 아닌 '어떻게(How)' 나 '무엇(What)'으로 바꿔 질문해 봅시다. 상대에게는 질문에서 묻고 있는 '이유'와 '자기 자신'을 떨어트려서 생각해 볼 수 있으므로 대답하기 쉬워집 니다. 같은 대답을 들으려고 해도 질문 방법 하나로 상대가 느끼는 질문에 대한 느낌이나 대답이 달라집니다.

4) 이야기의 '덩어리'를 크게 또는 작게 만들기

부하가 상사에게 설교 받은 뒤에 대답하는 상투어로는 "네, 다음부터 조심하겠습니다.", "앞으로 충분히 주의하겠습니다.", "이제부터 열심히 하 겠습니다."가 있습니다. 모두 최선의 대답이지만 그 실상은 대답하는 측도 대답을 들은 상사도 '무엇을 조심하는가', '무엇에 대해 어떻게 주의하는가', '열심히 하겠다는 것은 무엇을 한다는 건가'가 명확하지 않은 경우가 대부 분입니다.

코칭은 목표 달성 접근입니다. '목표로 하는 상태'를 향해 '무엇'을 '언제', '어떻게' 해나가면 좋을지를 명확히 함으로써 그 실효성은 올라갑니다.

따라서 "열심히 하겠습니다."란 '무엇을 해야 하는 것인가', "주의하겠습니 다."는 '무엇을 어떻게 주의해야 하는 걸까' 그리고 그것을 '명백히 어떤 행 동을 해야 할까'와 같이 이야기의 구체성을 세심히 만들어감으로써 행동을 명확히 해나갈 수 있습니다. 이것은 이야기의 '덩어리'를 작게 만듭니다.

한편 '이 연수 리포트의 첫머리는 어떤 말부터 시작하면 좋을까?'라 는 세세한 부분이 신경이 쓰여서 시간이 지나도 리포트 작성을 진전시키지 못하지만 어떻게든 빨리 마무리하고 싶어 하는 부하가 있다고 해봅시다. 이럴 때, '첫머리에 들어갈 말로 어떤 말을 쓰면 좋을까?'라는 '덩어리'를 작게 만드는 '질문'을 거듭하다 보면 틀림없이 진흙탕에 빠지게 될 것입니다.

이럴 때는 '이 연수 리포트를 쓰는 목적은 뭐지?', '이 목적을 달성하기 위해 첫머리가 맡는 역할은 몇 % 정도지?'라는 식으로 '덩어리'가 좀 더 큰 질문을 해보면 상대의 행동을 상대 자신이 객관적으로 받아들일 수 있게 됩니다.

상대가 정말로 달성해내고 싶은 것, 되고 싶은 상태를 위해 온갖 관점에서 사물을 다루어 보는 것이 중요합니다. 그럴 때 '덩어리'를 크게 만들거나 작게 만드는 질문이 유용합니다.

5) 코칭의 '질문'을 5가지 포인트로 파악한다

지금까지 해설한 코칭 중에 질문할 때의 포인트에 대해 재정리해 봅시다.

① 상대가 알고 싶은 것을 질문한다.

② '닫힌 질문'보다 '열린 질문'

③ '어째서'보다 '무엇을', '어떻게'

④ '덩어리'를 크게 만들거나 작게 만든다.

⑤ 질문은 한 번에 하나씩만 한다.

사실 마지막 ⑤는 이 책에서 새롭게 추가한 포인트입니다. 한 번에 여러

개의 질문을 한다는 것은 상대가 2가지 이상의 대답을 생각해서 대답한다는 것입니다. 그것은 불가능한 일은 아닐지도 모르지만, 상대가 질문에 대해 깊이 생각하고 결론을 도출해내는 코칭의 목적에서 본다면 하나씩 질문을 하는 편이 보다 효과적입니다.

첫머리에서도 말했듯이 '질문'이란 코칭의 본질인 '의식화'와 '자기 책임'을 상대 자신이 만들어내기 위한 유용한 수단입니다. 부디 "나는 이렇게 생각하는데, 당신은 그렇게 생각하지 않아?"라는 방법은 피해야 합니다.

질문의 형태는 그렇다고 해도 자신의 의견을 몰아붙이는 것은 코칭이라고 할 수 없습니다. 비즈니스 커뮤니케이션 책 속에서는 '질문에 따라 상대를 설득한다'라는 방법이 실려 있는 것도 있습니다. 이것도 지도나 교육의 한 가지 형태이긴 하지만 코칭의 이념에서 생각해 보면 정반대의 방법입니다. 상대는 상대 자신의 전문가입니다. 상대의 대답을 기다려봅시다.

6) 혈 누르기와 질문

이 책의 처음에서 '코칭은 한방약적'이라고 말했습니다. 사실 질문은 한방약적인 것이 제일 좋다고 생각합니다.

혈 누르기와 침구(한방에서 쓰이는 침 등)는 한의학과 마찬가지로 동양의학의 일각을 이루고 있습니다. 그 과학적인 기서는 밝혀지지 않은 점이 많지만 이미 효과는 실증되어 있습니다.

혈 누르기 마사지는 마사지사가 누르고 싶어서 누르는 것이 아닙니다. 편안해지고 싶은 사람이 혈을 눌러주었으면 하기에 마사지를 받는 것입니다. 혈을 누르는 부위가 어디든 상관없는 것도 아닙니다. 고객의 이야기를 듣고, 상태를 보면서 어디를 누르면 좋을지 판단하고 누릅니다.

마사지를 받는 고객이 고통스러워한다면 혈을 누르지 않습니다. 몸에 힘을 주고 있어도 효과가 없습니다. 고객이 마사지사를 신뢰하고 서로 협력해야 비로소 효과를 얻을 수 있습니다. 혈 누르기는 고객의 몸을 상하게 하거나 체내에 무언가를 주입하지 않습니다. 바깥에서 압력을 줌으로써 눌린 부위와는 전혀 관계가 없어 보이는 근육이나 내장에 작용하여 그 효과를 나타냅니다. 바로 그 자리에서 효과를 볼 수 있는 경우도 있지만 뒤에 서서히 효과가 나타나는 경우도 있습니다. 그 사람이 지닌 자기 치유력이 바로 그 근간에 있습니다.

코칭에서의 질문도 이것과 마찬가지입니다. 질문하는 측이 상대가 질문을 받아 의미 있는 내용을 질문합니다. 이것은 질문하는 측과 질문 받는 측의 신뢰 관계로 성립합니다. 상대에게 무언가를 알려주거나 지도하거나 하는 일은 없습니다. 질문이라는 자극으로 인해 상대 안에서 의식화하거나 자기 책임이라는 눈에 보이지 않는 작용이 일어나 결과적으로 상대 자신의 행동에 결부됩니다. 결과가 행동으로써 바로 나타나는 경우도 있으며, 시간에 따라 서서히 나타나는 경우도 있습니다.

질문하는 측은 '상대를 위해서' 질문하고, 받는 측은 질문을 받음으로써 자신이 목표로 하는 상태, 그리고 그를 위한 행동이 명확해집니다. 코칭은 이러한 신뢰 관계가 있기에 성립하는 프로세스입니다.

③ 제안-상대의 시야를 넓힌다

1) 상대의 내면에 대답이 있는데 어째서 '제안'인 걸까?

'제안'이란 "~해보는 게 어떠신가요?"라고 상대에게 말하는 일입니다. 영어로는 suggest, 어원은 '의식 밑으로 가져온다'라고 합니다. 즉, 상대가 받아들일지 아닐지는 논외로 하고 상대의 의식 속에 있는 생각을 가져오는 것입니다. 코칭의 본질인 '의식화'와 '자기 책임'에 제안이 어떻게 관계하고 있는지 생각해 봅시다.

'경청'이나 '질문'의 항목에서 코칭의 전제로써 '상대는 상대 자신의 전문가'이며 대답은 상대가 가지고 있다고 이야기해왔습니다. 그렇다면 '제안한다는 일은 그 전제에 반하는 일이 아닌가?'라고 생각하게 되는 것도 당연한 일입니다.

사람의 의식은 해면에 떠오른 빙산에 빗대어 말할 수 있습니다[그림 5]. 수면 위에 나와 있는 부분은 눈에 보이는, 즉 의식할 수 있는 부분입니다. 이곳을 현재 의식이라고 부릅니다.

한편 수면에 잠겨있는 부분은 빙산의 일부로서 존재는 하지만 눈에는 보이지 않는, 즉 보통은 의식하지 않는 부분입니다. 이곳을 잠재의식이라고 부릅니다.

'경청'의 목적은 '신뢰 관계를 쌓는 것', '상대에게 많이 이야기를 듣는 것'이었습니다. 그 결과로서 [그림5]에 나타난 것처럼 상대의 현재 의식(깨어있는 부분)을 코치에게 이야기하는 과정, 이야기하면서 자신의 목소리를 스

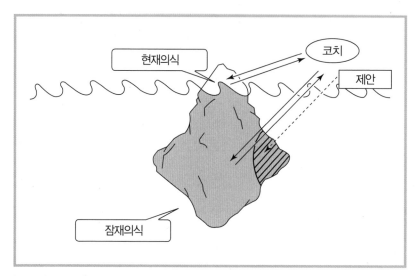

[그림 5] 현재 의식과 잠재의식

스로 듣는 과정에서 자기 생각을 정리하고, 확인할 수 있습니다. 이야기하는 일 자체로 의식화가 일어나는 것입니다.

또한 '질문'에 따라 상대가 잠재의식(실은 존재하지만 깨닫지 못한 의식) 속에서 대답의 근거를 찾아 나가고 생각하는 과정에서 그것을 통합하고, 말로 답변함으로써 '의식화하는' 일을 경청의 목적으로 하고 있습니다. 그와 동시에 자신의 행동을 선택지로 만들고, '한다'라는 의사 표명을 함으로써 자기 책임을 느끼기 때문에 행동의 실효성이 높아집니다.

저는 코칭에서의 '제안'이란 그림의 사선부, 즉 상대의 의식 속에 있으나 질문의 과정에서 상대가 대답을 구할 수 없는 부분에 초점을 맞춘 접근이라고 받아들이고 있습니다.

　이것은 제안하는 코치 측이 대화를 통해 '분명 상대의 사선부(斜線部)에는 이런 마음이 있을 거야'라는 직감에 근거한 제안입니다. 반드시 상대의 의식과 100% 매치한다고는 할 수 없습니다. 따라서 제안한 내용이 직접 상대의 행동으로 이어지는 것도 아닙니다. 그러나 상대가 이후의 행동을 생각할 때 한 가지 시점 또는 근거, 자원(리소스)을 제공할 수는 있습니다.

2) 상대가 하고 싶은 것을 제안한다

　제가 실시하는 코칭 연수에서도 '제안'을 주제로 다루는 경우가 있습니다. 그때 참가자에게 "어떤 제안이라면 받아들이고 싶은가"를 그룹별로 브레인 스토밍하게 하여, 모두가 공유하였습니다. 그랬더니 이런 의견이 나왔습니다.

　'자기 생각과 맞는 제안', '자신이 하고 싶은 것(할 수 있을 것 같다)으로 생각하는 제안', '선택지가 있고 그 안에서 선택할 수 있는 제안', '신뢰할 수 있는 사람의 제안', '거부할 수 있는 제안' 등.

　이렇게 생각해 보면 가끔 '제안'이라는 형태로 상대의 등을 미는 일인 만큼 제안하기 이전부터 상대의 내면에는 '하고 싶은 것'이 있다고 생각할 수 있습니다. 그것을 제안 받을 때까지는 상대의 내면에서 '반드시 할 거야!'라는 의지가 생기지 않았거나 '하면 좋겠지만…'이라고 생각하거나 불안할 수 있습니다. 그림의 사선부에는 없으나 상대가 생각하는 '틀' 안에는 들어있지 않아도 제안에 따라서 사선부에 빛이 비추어져 제안대로가 아니더라도 그것을 자기 나름대로 어레인지하여 행동에 옮기는 일도 있습니다.

그런 제안이라도 상대가 애초에 '하고 싶은 것'에 잘 집중해있지 않으면 그것은 받아들여질 수 없습니다. '코치 자신이 하고 싶은 것'이 아닌 '상대가 하고 싶은 것'에 대한 제안이 중요합니다.

3) '필요 최소한'으로 제안한다

무엇이 '상대가 하고 싶은 것'인가는 상대의 이야기를 천천히 듣고 적절한 질문을 던지는 것처럼 보입니다. 코치의 관점으로 질문을 거듭함으로써 상대의 사선 부분은 조금씩 적어지게 됩니다. 따라서 제안하지 않아도 상대가 스스로 목표나 행동을 명확하게 만들어가는 경우가 종종 있습니다.

하지만 '상대는 이 시점이 보이지 않는 모양이군', '상대는 등을 떠밀어주길 바라고 있군'하고 느낄 때는 마음먹고 제안을 해보아야 합니다. 이 단계에 이를 때까지 충분히 상대를 이해하고 질문을 거듭합니다. 그러면 제안이 필요 최소한으로 끝납니다.

상사에게서 "대기실의 레이아웃을 하고 싶다. A안, B안, C안을 만들어 보면 어떨까?"라는 제안을 받았다고 합시다. 독자적으로 D안과 E안을 만드는 것도 가능하지만 시간이 없거나 자신이 지금까지 생각하지 못했던 주제라면 높은 확률로 A, B, C의 3가지 중에서 결정하게 됩니다. 이 결과에 자신이 만족하지 않으면 '등 떠밀려서 한 레이아웃이었으니까'라고 생각하게 됩니다.

시간의 제약이 있으면 아무래도 제안이 많아지기 쉽습니다. 그러나 코치 측이 선택지를 많이 준비해 두면 상대는 그 중에서 행동을 선택하게 됩니다. 그것은 본래 그 사람 안에서 만들어낸 선택지가 아니므로 가령 자기가 선택한 것이라고 해도 책임감이 희박해집니다.

위 같은 경우에는 "대기실의 레이아웃을 변경하고 싶은데 어떤 레이아웃이 좋을까?"라고 처음 질문을 받으면 그 뒤에 상사와의 대화를 통해 '무슨 목적으로 변경하는 것인가?', '그 목적에 맞는 레이아웃은 어떤 것인가?'가 명확해집니다. 그 부분이 바로 코칭 프로세스입니다. 그 뒤에 당신이 어떻게 할지를 결정할 때, 상사에게 "지금까지의 의견을 정리해서 3가지 플랜을 생각해 보았는데, 어때? 물론 자네의 생각을 추가해서 오리지널로 만들어도 좋아."라는 말을 들으면 상사의 제안을 받아들이든지 스스로 수정한 플랜으로 결정하든지 '자신이 생각해 낸 결론'으로 선택하여 결정할 수 있습니다. 스스로 선택한 결론이므로 그 결과를 받아들일 수 있을 것입니다.

4) 제안과 조언의 차이

잘 아시겠지만 제안은 상대가 받아들일지 아닐지를 결정합니다. 공개 세미나에서는 "조언과 무엇이 다릅니까?"라는 질문을 받는 경우도 있습니다. 글자 그대로 '제안'은 '안을 제시하는 것', 즉 자기 생각을 상대에게 나타내는 것이며, 당사자 간의 상하 관계 및 지원 요소는 없습니다. 상대가 제안을 받아들일지 어떨지는 상대가 판단합니다.

이에 반해 '조언'은 '상대에게 도움이 된다고 생각하는 것을 말하는 일'입니다. 상대를 '도와주는' 요소가 포함되어 있으므로 조언하는 측에게 '도와주고 싶다'라는 생각이 작용하게 되며, 상대가 무엇을 해야 할지를 전달하는 일도 됩니다. 따라서 상대를 상대 자신의 전문가라고 인정하는 코칭의 개념에서 벗어난 서포트 커뮤니케이션이라고 생각합니다.

물론 조언이 유효한 케이스도 많이 있습니다. '조언'은 상대에게 요구받아 하는 행동이며, 이것은 '멘토링'의 개념에 해당합니다. 서포트 커뮤니케이션 모델의 4가지 스탠스를 참조해 주시기 바랍니다(47페이지).

5) 촉매반응과 제안

코칭에서 상대방의 사고는 화학 반응과 많이 닮아있습니다.

잠재의식 속에 별도로 존재하고 있는 것이 코칭이라는 프로세스 안에서 반응하고 결합하여 현재 의식 속에서 다른 형태로 나타납니다. 이것이 행동이 변하는 원동력이 되고 있다는 것은 이미 말씀드린 대로입니다.

보통 화학 반응은 2가지 이상의 물질이 각각 갖고 있는 에너지의 화합 때문에, 그 반응의 결과로 에너지가 낮은 상태로 가기 위해 일어나는 현상입니다. 주어진 환경 아래서 더욱 안정적인 형태로 변화하는 것입니다. 그러나 일어나야 할 화학 반응도 물질에 따라서는 자연적으로 일어나지 않으며, 어떤 매체 물질의 공존 하에서 처음으로 반응하는 일도 있습니다. 이 매체를 '촉매'라고 부른다는 것은 이 책의 독자라면 이미 알고 있을 것입니다.

예를 들어 H_2와 O_2를 같은 용기에 넣어서 200도 이상 가열을 해도 쌍방의 화합물인 H_2O는 생성되지 않는다. 그렇지만 이 계통의 미량의 Cu를 가하면 매우 간단하게 H_2O가 됩니다. 이 때의 Cu는 촉매입니다. 이 예로 생각해보면 H_2와 O_2가 물 H_2O가 되는 반응은 당연히 일어나야 할 반응이지만 그것은 Cu라는 반응을 촉진하는 촉매가 있기에 일어납니다. 이것은 Al이나 Fe에서는 일어나지 않습니다.

제안도 마찬가지입니다. 상대 안에서 당연히 일어나야 할 의식화, 행동화에 대해 슬쩍 등을 미는 역할입니다. 과녁을 맞힌 제안은 상대에게 안정된 상태에서 의식과 행동이 일어나도록 촉매 작용을 해줍니다. 열을 가하거나 압력을 주는 등의 물리적인 힘(지도나 조언)이 없어도 촉매(제안) 한 가지로 반응은 일어납니다.

④ 인정 – 상대를 인정한다

1) 상대의 존재, 구조를 인정한다

'인정'이란 상대의 존재, 행동을 인정하는 말이나 태도 그 자체를 가리킵니다.

"○○씨, 안녕하세요! 아, 헤어스타일이 바뀌었네요?"

"○○씨, 고마워! 덕분에 예정보다 빨리 일을 정리했어. 컴퓨터 스킬이 뛰어나네."

"아, ○○씨. 이번 주에도 매일 제대로 혈압을 재고 있지요? 약도 빼먹지 않고 복용하고 있고요? 제대로 자기 관리를 하고 계시네요. 오늘도 ○○씨의 건강한 얼굴을 보게 되어 기쁩니다!"

이러한 말들은 약국의 대화 속에서 볼 수 있는 인정의 예시입니다.

'경청', '질문', '제안'이 상대의 잠재의식 속에 있는 것을 의식화하여 자기 책임이 생겨나기 위한 유효한 스킬임에 반해 '인정'은 코치와의 신뢰 관계 구축, 시작한 행동의 지속, 목표를 향한 행동의 기반으로써 꼭 필요한 관여 방법이라고 생각합니다.

이곳에서는 인정의 사례와 포인트에 대해 생각해 보고자 합니다.

2) 인사한다, 이름을 부른다

인사는 상대의 존재를 인정하는 데 제일 효과가 좋고 간단하게 할 수 있는 인정입니다. 보통 '커뮤니케이션의 기본은 인사부터'라고 말하는 것도 특별한 용건이 없어도 인사를 통해 자연스럽게 의사소통을 할 수 있기 때문이 아닐까요?

신입사원 시절에는 선배가 밝은 미소로 인사해 주는 것이 참 기쁩니다. 이름을 기억해 주셨다, 이름을 불러주셨다는 것만으로도 '멤버의 일원으로서 환영받고 있구나'라는 안심을 느끼시는 분들도 많지 않을까요.

인사에 한마디 덧붙이는 것만으로도 상대와의 친밀감이 확 변합니다.

환자에게 하는 인사도 "안녕하세요! 아, 오늘 스카프 멋지네요."라든지 "안녕하세요! 저번에 이야기하셨던 손자는 건강한가요?"라는 등 상대에게 개별성이 높은 메시지를 더하는 것만으로도 '나를 봐주고 있구나', '내가 말한 것을 기억해 주고 있구나'라고 느끼게 될 것입니다.

반대로 클레임 대상이 되기 쉬운 측면도 있습니다. '얼굴을 봐도 인사하지 않네!', '몇 번이나 왔는데 전혀 이름을 기억해 주지 않는군', '전에 이야기했는데 또 똑같은 걸 물었어. 바보 취급하는 건가!'라는 환자의 분노는 '나를 중요하게 생각하고 있지 않다', '한 개인으로서 인정받고 있지 않다'라는 마음의 표현입니다. 서로의 신뢰관계 구축을 위해서라도 '인사한다', '이름으로 부른다', '상대에게 특별한 한 마디를 덧붙인다'를 꼭 실천해 주십시오.

3) 칭찬하기, 꾸짖기

이 2가지는 인정의 대표 선수라고 생각합니다. 사람은 누구든 칭찬을 받으면 기뻐합니다. "칭찬은 고래도 춤추게 한다."라는 말이 있습니다만, 추켜세우지는 못하더라도 칭찬받으면 '좀 더 힘내자!'라는 마음이 듭니다.

자신이 칭찬받았을 때의 일을 떠올려 보면 알 수 있을 것입니다. 단순히 "대단하다!", "역시!"라는 말을 들어도 그다지 기쁘지 않습니다. "뭐가 '대단한' 걸까.", "뭐가 '역시!'인 걸까." 근거가 되는 사실이 명확하지 않으면 그저 '추켜세우는 일'이 되어 버립니다.

타이밍도 중요합니다. 일주일이나 지난 뒤에 "요전에 그거, 잘됐네."라는 말을 들어도 마음에 와 닿지 않습니다. 칭찬하는 대상이 되는 사실이 일어난 바로 직후가 제일 효과적입니다.

'꾸짖기의 뭐가 인정이라는 거지?'라고 생각할지도 모르겠습니다만 이것도 상대를 인정하지 않으면 불가능합니다. "당신은 목표를 향해 진심으로 노력하고 있지 않은 것처럼 보여." "나는 당신이 좀 더 할 수 있고 능력이 있을 거라고 믿고 있어."라고 하는 것이야말로 '꾸짖는' 일입니다. "어차피 무슨 말을 해도 소용없으니까 꾸짖지도 않을 거야. 내버려 둘 거야."라는 것은 상대의 존재를 인정하지 않는 것입니다.

비슷한 말로는 '혼내기'가 있습니다. '혼내기'는 그 원인이 되는 사실에 대한 감정을 그대로 부딪치는 것입니다. 그러한 의미에서 칭찬할 때의 "굉장해!"에 가깝다고 생각합니다. 한편 '꾸짖을' 때는 그 사실이 무엇인가를 타이밍과 전달 방법을 생각하면서 상대에게 전달합니다. 감정에 이성이 더해지므로 자신도 상대방도 '무엇을 혼내고 있는가?', '혼나고 있는가'가 명확해집니다.

약사 대상 코칭 세미나에서 흥미로운 점을 발견하였습니다. 참가자에게 '혼난 경험이 있는 사람'은 손을 들라고 했더니 거의 전원이 손을 들었습니다. 그래서 "최근에 혼났던 경험을 이야기해주십시오."라고 부탁했더니 "혼났다라는 것은 기억하고 있으나 왜 혼났는지는 기억하지 못합니다."라고 대답했습니다. 같은 분에게 "그렇다면 꾸짖음을 당한 경험을 말해주십시오."라고 물었더니 제대로 세세하게 대답해주셨습니다.

재미있게도 '혼낸 경험', '꾸짖었던 경험'에 대해서도 물었더니 마찬가지로 '화냈다'는 사실은 있어도 그 내용은 그다지 기억하지 못하였고, '꾸짖은' 일은 제대로 설명해 주셨습니다. 어떤 병원 그룹의 간호사 코칭 연수에서도 마찬가지의 결과가 나왔습니다.

자신에게든 상대에게든 '화가 났을' 때에는 행동이 감정의 지배를 받습니다. 따라서 '무엇을 어떻게 전하면 상대에게 효율적인 메시지가 될까?'를 '생각하는' 프로세스가 없으므로 결과적으로 아무것도 '의식화'되지 않아 기억에 남지 않는 게 아닐까 라고 생각해 볼 수 있습니다. '꾸짖을' 때는 자신도 상대도 '감정'이 아닌 '사실'에 초점을 맞춥니다. 쌍방이 '일어난 사실을 인식한다'라는 프로세스를 거치므로 기억에 남는 것입니다.

칭찬하는 경우에도 꾸짖는 경우에도 상대의 '무엇'에 초점을 맞추는가에 따라 받아들이는 측의 인상은 전혀 달라집니다. 그 사례를 [표 3]에 나타내었습니다.

여기에서 알 수 있듯이 초점의 항목은 아래로 갈수록 상대가 통제하기 쉽고 위로 갈수록 그 사람 자신 고유의 것으로 통제하기 어렵습니다.

독자 여러분은 자신이 상대를 칭찬할 때 또는 꾸짖을 때 어디에 초점을 맞추고 계십니까? 반대로 칭찬받았을 때와 꾸짖음을 당했을 때는 어디에 초점을 맞추어 주었으면 좋겠습니까? 어디에 초점을 맞춰야 '내일부터는 열심히 해야지!'라는 의욕이 생겨날까요?

[표 3] 칭찬하는 상황과 꾸짖는 상황의 초점

칭찬하기	초점	꾸짖기
약사로서 표본으로 삼고 싶은 대응이었어.	자존심	당신, 약사에 맞지 않는 거 아냐?
환자를 소중히 하고 있구나.	신념	당신, 진짜로 의욕이 있는 거야?
커뮤니케이션 능력이 대단하네!	능력, 지식	매뉴얼의 이해가 부족한 거 아냐?
마지막 환자에게 했던 한 마디가 좋았어.	행동	매뉴얼대로 안 하니까 실수한 거야.
선배에게 잘 배웠구나.	환경	매뉴얼이 당신에게 어려웠을지도 모르겠네.

4) 인정의 5가지 원칙

지금까지 이야기한 것을 포함하여 인정 포인트를 정리하면 다음 5가지로 요약됩니다.

(1) 조금이라도

이것은 아주 약간의 변화도 조짐으로 인정하는 것입니다. 상대가 평소보다 활기가 넘친다면 "오늘은 미소가 평소와는 다른걸!",

새로운 넥타이를 하고 오면 "어, 그 넥타이 멋지다!", 목표를 향해 조금이라도 나아간다면 "착실히 나아가고 있구나!"라고 칭찬합니다. 이를 위해서는 상대에게 관심을 두고 가능한 범위에서 관찰하는 것이 중요합니다. '작은 변화도 놓치지 않는다.' 이것이 포인트입니다.

(2) 바로 그 자리에서

칭찬하든 꾸짖든 타이밍을 놓치면 그 효과는 반감하기는 커녕 역효과가 날 수도 있습니다. "일주일 전의 그 환자에 대한 대응 참 잘했어."라고 칭찬을 해보아도 칭찬받은 상대는 누구의 어떤 대응이었는지 기억하지 못할 것입니다. 실수했을 때 만약 "그때는 말하지 못했는데, 1개월 전에도 똑같은 일이 있었잖아."라고 말한다면 상대는 '그럼 그때 말하라고!'라고 생각할 수도 있습니다. 있는 그대로 칭찬받고 꾸짖음 받기 위해서는 타이밍이 반드시 필요합니다. 이에 대한 원칙이 '바로 그 자리에서'입니다.

(3) 사실에 근거하여

지금까지 말씀드렸다시피 인정은 어디까지나 사실에 근거해 이뤄지는 것입니다. "머리카락 잘랐네!"는 사실이고 "그 넥타이 멋지네!"도 '좋다'고 느끼고 있는 자신의 감정은 사실입니다.

사실이 중요한 이유는 상대가 인정받는 이유를 의심할 여지가 없으므로 솔직히 받아들일 수 있기 때문입니다. 사실은 자신과 상대의 공통 인식이 없으면 의미가 없습니다. 가끔 얼굴을 보이는 지역 매니저가 약국장에게 "최근 이 약국에서 조제 실수가 잦은 모양이야. 어떻게 관리하고 있는 거야?"라고 지적해도 약국장 자신이 그것을 받아들이지 못하고 있다면 "무슨 근거로 그렇게 말하는 거야?"라고 반발할 뿐입니다.

자신이 느낀 점을 말로 표현하는 것도 인정입니다. "약력 정리가 짧은 시간 안에 이렇게 빨리 끝났네."라고 한마디만 해도 충분히 인정한 것이 됩니다. 사실을 있는 그대로 전하는 것만으로도 '내가 한 일을 봐주고 있구나'라고 상대는 느낄 수 있습니다. 거기에 "덕분에 살았어. 정말 고마워!"라고 자신의 감정을 덧붙이면 '인정받았다'라는 기분이 강해진다는 건 말할 필요도 없습니다.

⑷ 개별적으로

학회 발표가 끝나고 지도 담당자에게 "모두, 정말 잘 해줬어. 고생했어. 회장의 반응도 매우 좋았어!"라고 칭찬을 받으면 정말 기쁩니다. "모두가 잘 해줬어!"라는 연대감도 생겨납니다.

마무리 자리에서 지도 담당자에게 "정말로 모두가 잘 해줬어. 그중에서도 ○○씨의 정보 수집 능력이 최고였어. 짧은 시간에 그렇게 많은 양의 자료를 모아주고 말이야. 덕분에 오늘의 발표 분량이 나온 거야!"라든지, "○○씨의 오늘 발표가 이해하기 쉬웠어. 목소리도 듣기 좋았고 속도도 적당했어. 슬라이드와의 타이밍도 절묘하게 잘 맞았지. 모두의 성과가 참가자에게 잘 전달된 건 ○○씨 덕분이야!"라는 등의 개개인이 사실에 근거해 공헌을 인정받으면 그 기쁨이 특별합니다.

이렇듯 개별적으로 인정받음으로써 '나는 이런 점에서 조직에 공헌하고 있구나', '이런 강점이 내게 있었구나'라고 실감할 수 있습니다. 이와 동시에 '한 사람 한 사람을 봐주고 있구나'라는 안심과 신뢰감도 생겨납니다. 조직 전체의 인정과 마찬가지로 한 사람 한 사람에 대한 개별적인 인정도 중요합니다.

(5) 계속해서

지금까지 말을 걸어준 사람이 갑자기 말을 하지 않으면 '뭔가 안 좋은 일이 있나?'라고 불안을 느낍니다. 자신의 기분이 좋을 때만 칭찬하거나 기분이 나쁠 때 혼내는 빈도가 높은 사람에게는 "아아, 오늘은 '칭찬받는 날'인가"라든지 "오늘은 '기분이 나쁜 날'이구나"라는 인상을 주게 됩니다.

'인정'을 스킬로서 받아들이면 '필요할 때 사용하는 것'이 됩니다. 그러나 '사람과의 관계에서 자신의 태도, 자세'로서 받아들이면 스스로 주위를 관찰하고 말을 거는 행동을 취하게 됩니다.

처음에 인정이란 말을 하면 어쩐지 부끄럽고, 인정하는 측도 받는 측도 위화감을 느끼는 건 어쩔 수 없습니다. 그러나 의식해서 계속해 나가면 상대에게 인정받았다는 관심에 기분이 좋아져서 원활한 인간관계가 형성되는 것을 실감할 수 있습니다. 처음에는 '스킬'의 하나로서 받아들여도 좋다고 생각합니다. 계속 인정을 하면서 '당연한 관여 방법'이 되어가는 것입니다.

5) 매슬로의 욕구 5단계와 인정

리더십이나 커뮤니케이션 책을 보면 대부분의 책에서 '매슬로의 욕구 5단계'라는 5층으로 나누어진 삼각형 그림을 소개하고 있습니다[그림 6]. 이것은 사람은 욕구에 따라 행동하게 되며, 인간의 욕구는 제일 하위의 '생리적 욕구'부터 최상위의 '자기실현의 욕구'까지 다섯 단계로 나뉘어 있어 하위의 욕구가 충족됨으로써 상위의 욕구가 나타난다고 하는 가설입니다.

[그림 6] 매슬로의 욕구 5단계

'생리적 욕구'란 수면, 식욕, 성욕, 배설 등 인간이 생물로서 살아갈 때 충족되어야 할 생리적인 욕구입니다.

그 위는 '안전성의 욕구'입니다. 외부의 적으로부터 몸을 지키고, 비와 바람으로부터 도망치는 등 위험이나 불확실한 상태에서 벗어나 안전, 안정을 갈구하는 욕망이라고 합니다.

다음은 '사회적 욕구'입니다. 집단의 일원으로서 인정받고, 타인과 교류

하여 우정이나 애정을 느끼고 싶다는 욕구입니다.

이것이 충족되면 '존엄의 욕구'가 나타납니다. 타인에게서 인정받고 싶다, 자존심을 갖고 자율적으로 행동하고 싶다는 욕구입니다.

최고의 욕구가 '자기실현의 욕구'입니다. 자신이 지닌 가능성을 최대한으로 추구하여 자신의 바람직한 모습에 가까워지려고 하는 욕구입니다. 바람직한 모습은 이상적으로도 받아들일 수 있으며, 자기실현의 욕구는 끝이 없다고 여겨지고 있습니다.

매슬로의 가설을 포함해 욕구 단계 모델이 몇 가지 제시되고 있지만 실제로 한 개인이 현재 어느 단계에 있는지 명확히 선을 긋기가 곤란하기 때문에 객관적인 실증은 나와 있지 않습니다. 다만 이미지로써 받아들이기 쉬우므로 조직론 등 다양한 상황에서 인용되고 있습니다. 저도 어째서 '인정'이 코칭에서 기능하는가를 이해하기 위한 유효한 사고방식이라고 생각합니다.

'인정'은 상대의 존재나 행동을 인정하는 것입니다. 마치 매슬로 모델에서 말하는 '사회적 욕구'를 충족하는 관여 방법이라 할 수 있습니다. 또한 그것이 상대가 소중히 여기고 있는 것, 믿고 있는 것에 대한 인정이라면 상대의 자존심은 높아집니다. '존엄의 욕구'와도 관련 있는 관여 방식입니다. 이것들이 충족됨으로써 고차원의 욕구인 '자존심을 갖고 자율적으로 행동하고 싶다', '자신이 가진 가능성을 최대한으로 추구하여 자신의 바람직한 모습에 가까이 가고 싶다'는 욕구가 나타납니다. 최고위의 '자기실현의 욕구'입니다. 그리고 이것은 코칭의 목적 그 자체이기도 합니다. 그러한 의미에서 인정은 '자기실현의 기반'이라고 할 수 있습니다.

6) 피드백과 인정

'인정'은 사실에 근거한다는 점을 이야기하였습니다만 이것은 '피드백'이라는 개념과도 겹칩니다. 코칭에서의 피드백이란 '상대의 상황을 객관적으로 전한다'라는 것입니다.

"지금 환자와 좋지 않은 방향으로 이야기하고 있어.", "○○씨는 지금 먹고 있는 약의 이름이나 작용을 전부 기억하고 있네요."라는 등 관찰이나 인터뷰로 명확해진 사실을 있는 그대로 전하는 일입니다.

거기에는 '좋다', '나쁘다' 등의 평가 요소가 없습니다. '~하는 편이 좋아'라는 제안이나 교육도 없습니다. 어디까지나 사실만을 객관적으로 전달합니다.

'나는 이렇게 느꼈다'라는 자신의 감상도 '느꼈다'는 사실입니다. '오늘 자네 매우 피곤한 것처럼 보여', '○○씨, 전에 방문하셨을 때보다도 목소리에 힘이 있는 것 같네요!' 등은 자신이 '느낀' 인상입니다. 상대는 그럴 생각이 아니었는지도 모르지만 적어도 '자신에게는 이렇게 보인다'는 있는 그대로의 사실입니다.

있는 그대로의 사실을 전함으로써 상대는 자신의 현재 상태를 의식하게 됩니다. 그것이 자신이 지향하는 목표나 되고 싶은 모습과 거리가 멀다면 결과적으로 어떤 행동을 할 계기가 됩니다. 물론 상대에게서 "그럼 어쩌면 좋을까요?", "왜 그렇게 느꼈어?"라는 질문을 들을지도 모릅니다.

그때야말로 상대가 '상대 자신의 현상'을 깊이 알 수 있는 찬스입니다. 더 세심한 피드백이나 상대에 대한 질문을 통해 상대의 현재 상태의 '의식화'를 서포트해 나갑시다.

7) '약 먹었네' 스티커와 인정

제약회사에서 제공받는 어린이용 복약 지원 툴 중에는 약을 잘 먹으면 스티커를 붙이거나 캐릭터 그림에 색을 칠하는 시트가 있다는 것을 아실 것입니다. 그것은 마치 '약을 잘 먹었네!'라는 인정과 같습니다. 그것을 말뿐만 아니라 스티커나 색칠 등으로 시각화하여 계속 행동해왔다는 걸 실감할 수 있도록 고안한 것입니다. 아이는 스티커를 붙이기나 색칠하기가 재미있어서 약을 잘 복용하게 됩니다(아이가 약을 잘 먹기 위해서는 맛이나 제형 등의 요소도 필요하긴 합니다).

이것은 행동분석학의 '강화의 원리'에 근거한 행동 촉진의 수단 중 한 가지입니다. 행동분석학에서는 '행동을 불러일으키는 요인(선행요인)'과 '행동', '행동 직후에 일어나는 환경 변화(결과)'의 관계에서 사람의 행동 특성을 분석합니다.

강화의 원리란 '행동한 결과로 무언가 좋은 일이 일어나거나 나쁜 일이 없어지면 그 행동은 반복된다'라는 원리입니다.

[표 4] '약 먹었네' 스티커

선행요인	행동	결과
'평소 익숙하지 않은 약을 먹어야 하므로'	'먹는다'	'스티커를 붙일 수 있다(색을 칠할 수 있다)' → 기쁘다!

[표 5] 코칭에서의 인정(1)

선행요인	행동	결과
'바쁜 와중에도 미소가 중요하다고 생각하기 때문에'	'웃는 얼굴로 환자와 이야기한다'	'약국장으로부터 "오늘 미소, 좋았어!" 라고 칭찬받는다 → 기쁘다!

[표 6] 코칭에서의 인정(2)

선행요인	행동	결과
'아침은 졸리고 기분도 좋지 않지만 일이니까'	'출근한다'	'활기차게 얼굴을 보고 인사 받는다' → 기쁘다!

'약 먹었네' 스티커를 이 사고방식에 적용해 봅시다[표 4]. 아이에게는 '스티커를 붙인다', '색을 칠한다'라는 행위 자체나 '스티커가 모인다', '색을 칠한 부분이 늘어난다'라는 프로세스도 '바람직한 사고'입니다. 결론적으로 '약을 먹는다'라는 행동이 강화됨을 기대할 수 있습니다.

코칭에서의 인정은 상대의 '행동'에 대한 '바람직한 환경'이 된다고 생각해 볼 수 있습니다[표 5, 6].

이 밖에 행동분석학에서는 코칭에서 '인정'의 의미를 뒷받침하는 사고방식, 현장에서 활용하는 원리 몇 가지가 있습니다. 지면 사정상 그 모두를 소개할 수는 없지만 흥미가 있는 분들은 뒤쪽의 참고문헌을 활용해 주십시오.

5 약사 윤리 규정

일본약제사회는 1997년 '약사 윤리 규정'을 개정하여 의료 담당자의 일원으로서 약사의 윤리를 한층 명확히 하였습니다. 평소에 일상 업무에 쫓겨 '얼마나 빨리', '얼마나 정확히' 조제하고 '얼마나 환자 정보를 많이 모아 약사의 지도를 상대에게 전할까'에 집중했던 상황에서는 '윤리'를 의식할 기회가 그다지 없었을지도 모르지만 여기서 다음의 '약사 윤리 규정' [그림 7]을 다시 한 번 읽어 주시기 바랍니다. '이것은 우리가 일상 속에서 당연히 실시하고 있는 것, 생각하고 있는 것을 글로 나타낸 것뿐이잖아'라고 생각할 사람들도 많을 것입니다. 여기에서 벗어난 업무는 생각할 수 없을 정도로 '당연한 일'로써 약사의 의식 속에 새겨져 있다고 생각합니다. 따라서 일상의 업무도 이 '당연한 윤리'에 기반을 둡니다. 약사의 행동도 이 점이 기점이 됩니다.

실무를 진행할 때에는 질병이나 약품에 관한 '지식'이 필요합니다. 약사 업무나 커뮤니케이션에 관한 '기술'도 필요합니다. 관리직에 따라서는 리더십이나 경영 관리의 '능력'도 요구될 것이라 생각합니다.

확실히 이러한 지식, 기술, 능력이 없으면 약사의 역할을 다할 수 없습니다. 그러나 그것은 어디까지나 역할을 다하기 위한 '재료'이며 '수단'에 지나지 않습니다. 약사 윤리 없이 '지식'이나 '기술'만 있다면 독약을 만들어 누군가에게 먹이는 일도 매우 간단히 할 수 있는 위치가 될 것입니다.

〔전 문〕

약사는 국민의 신탁에 따라 일본국 헌법 및 법령에 근거하여 의료 담당자의 일원으로서 인권 중에서 제일 기본적인 개인의 생명, 건강의 유지 촉진에 이바지하는 책무를 담당하고 있다.

이 책무의 근저에는 생명에 대한 경외에서 솟아나는 윤리가 존재하지만 더하여 조제를 비롯해 의약품의 개발부터 공급, 적정한 사용에 이르기까지 확고한 약의 윤리가 요구된다.

약사가 사람들의 신뢰에 맞춰 의료의 향상 및 공공의 복지 증진에 공헌하고 약사 직능을 진지하게 실시하기 위해 여기에 약사 윤리 규정을 제정한다.

제1조(임무)

약사는 개인의 존엄 유지와 생명의 존중을 뜻으로 삼으며, 조제를 비롯해 의약품의 공급, 기타 약사 위생을 담당함에 따라 공중위생의 향상 및 증진에 이바지하고 사람들의 건강한 생활 확보를 위해 노력한다.

제2조(심신과 자율)

약사는 항상 스스로를 제어하고 양심과 애정을 갖고 직능 발휘에 노력한다.

제3조(생명 등의 준수)

약사는 약제사법, 약사법, 의료법, 건강보험법, 기타 관련 법규에 정통하며 이러한 법령 등을 준수한다.

제4조(생애 연찬)

약사는 생애에 걸쳐 높은 지식과 기능 수준을 유지하도록 적극적으로 연찬함과 동시에 선인들의 업적을 현양하여 후진의 육성에 힘쓴다.

제5조(최선 진력 의무)

약사는 의료 담당자로서 항상 동료 및 다른 의료 관계자 등과 협력하여 의료 및 보건, 복지 향상에 힘쓰고, 환자의 이익을 위해 직능에 최선을 다한다.

제6조(의약품 안전성 등의 확보)

약사는 항상 의약품의 품질, 유효성 및 안전성의 확보에 노력한다. 또한 의약품이 적절히 사용되도록 약제 및 의약품의 공급을 담당하며 환자 등에게 충분히 설명한다.

제7조(지역 의료에 대한 공헌)

약사는 지역 의료 향상을 위한 시책에 항상 솔선하며 그 추진에 힘쓴다.

제8조(직능 간의 협조)

약사는 광범위한 약사 직능 간의 상호 협조에 힘씀과 동시에 다른 관계 직능인 사람들과 협력하여 사회에 공헌한다.

제9조(비밀의 유지)

약사는 직무상 알게 된 환자 등의 비밀을 적절한 이유 없이 누설하지 않는다.

제10조(품위·신용 등의 유지)

약사는 그 직무 수행에서 품위와 신용을 해치는 행위, 신의에 어긋나는 행위 및 의약품의 오용을 초래해 남용을 조장하는 행위를 하지 않는다.

[그림 7] 약사 윤리 규정(일본약제사회, 1997년 10월 개정)

6 윤리와 조제기술의 아날로지(analogy)

코칭 스킬과 마인드의 관계도 이와 마찬가지라고 생각합니다. 스킬인 '경청', '질문', '제안', '인정'만을 놓고 생각해 보면 카운슬링, 티칭, 멘토링 모두 같은 스킬을 사용합니다. 누군가를 설득하는 것도 가능합니다. 심문하는 일이나 강제하는 일도 가능합니다. 심리학을 배운 적이 있는 분이라면 좋지 않은 말을 하여 마인드 컨트롤까지 할 수 있는 것입니다. 그러나 이러한 것들은 물론 코칭이 아닙니다.

약사라는 존재가 지식이나 기술이 아닌 윤리에 따라 의미가 붙여지듯이 '코칭'이라는 커뮤니케이션을 의미화 하는 것은 코칭의 '마인드, 사고방식' 입니다. 그것을 실천하는 데 필요한 것이 '스킬'이라고 저는 믿고 있습니다.

3 | 코칭 프로세스로서의 GROW 모델

코칭이란, 목표 달성형 접근으로 상대의 목표 실현과 그를 위한 행동을 지원하는 커뮤니케이션 사고방식입니다. 실제로 어떠한 형태로 코칭이 기능하는지 그 프레임 워크에 대해서 생각해 보겠습니다. 코칭에서 상대를 서포트해 나갈 때 기본적인 골격을 준비해 두면 상대가 지금 어디쯤에 있고 이후 어떠한 서포트를 해나가면 좋을지 알기 쉬워집니다. 이 골격의 대표적인 것이 'GROW 모델'이라고 불리는 모델입니다. 여기에서는 GROW 모델이 코칭의 프로세스로서 어떠한 기능을 하는지 사례를 들어 해설해 보겠습니다.

◼ 2가지 사고의 접근

의료종사자에게 최우선시되는 것은 옛날이나 지금이나 '환자의 안전'임에는 변함이 없습니다. 이를 바탕으로 진료, 처치, 검사, 투약, 재활 등의 의료 행위가 실시됩니다. 다만, 주류는 '무슨 문제가 일어나면 대처한다, 이에 맞추어 다음 액션을 결정한다'는 이른바 '문제 해결형' 접근입니다. 그렇다는 것은 뒤집어보면 '어떠한 문제가 없다면 현상 그대로도 좋다'는 것이 되어 버립니다. 일본에서 간호 기록이나 복약 기록 등의 사고방식에 중심이 되는 POS(Problem Oriented System)나 교수법 중 한 가지인 PBL(Problem Based Learning) 등도 문제 해결 접근이 기반이 되어 구축되는 이론이라고 할 수 있습니다. 리스크 레벨이 높은 세계이기 때문에 이러한 '수비형' 스타일이 생겨났으며, 여기에서 배워야 할 점도 적지 않습니다.

그러나 오늘날 의료에서 환자는 의료 서비스에 대해 의료 서비스 제공자가 상상하는 것 이상으로 폭넓고 높은 레벨을 기대하고 있습니다. '안전'한 환경에서 질병이 '치료된다'는 것뿐만 아니라 의사나 직원의 대응, 시설이나 설비 등의 하드적인 부분, 치료 후의 에프터 팔로우나 정보 개시 등 다양한 시점에서 '환자의 기대를 웃도는' 서비스를 제공함으로써 비로소 환자는 '만족'을 느낍니다.

이것은 환자와 의료 관계에 한정된 것이 아니라 이곳에서 일하는 직원들 사이에서도 같은 이야기를 할 수 있습니다. 즉, '특별히 문제를 일으키지 않고, 담담히 자기 일을 할 것'으로 괜찮다고 여겨졌던 기존의 스타일에서 '자신의 일이 자신의 부서, 타부서의 직원이나 환자들에게 얼마나 공헌되었는가', '기대 받은 역할을 얼마나 충족시키고 있는가'를 요구받게 되었다는 것입니다.

이러한 관점에서 생각해 보면 '문제가 일어나지 않게 한다', '문제가 발생하면 빠르게 해결한다'와 같은 기존의 '문제 해결형' 접근에서 한 발짝 나아가 '환자가 기대하는 레벨에 맞게 앞으로 무엇을 해 나아갈 것인가', '자신이 기대 받는 역할, 이루고 싶은 것을 달성하기 위해 어떻게 해야 하는가'와 같은 '목표 달성형'의 접근으로 업무에 힘써 보다 높은 성과를 얻을 수 있습니다.

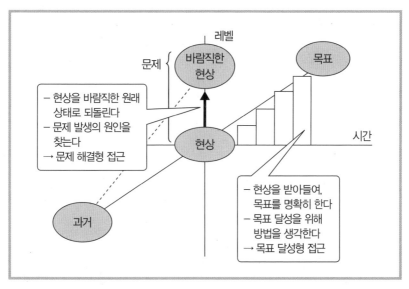

[그림 8] 2가지 사고의 접근

이것도 알기 쉽게 [그림 8]로 나타냈습니다. 즉, 문제 해결형 접근이 과거를 대상으로 그 원인을 추구하고 있는 것에 반해 목표 달성형 접근은 미래를 향해 그 수단을 추구해 나가는 것이 됩니다.

② GROW 모델에서의 스텝

코칭에서 상대를 서포트할 때 기본적인 골격 중 한 가지가 GROW 모델입니다. GROW란 아래와 같은 약자로 나타낸 것입니다.

Goal   → 목표

Reality, Resources   → 현상, 자원

Options   → 선택지

What, When, Will   → '무엇을?', '언제', 의지

이것을 그림으로 나타내면 [그림 9]와 같습니다.

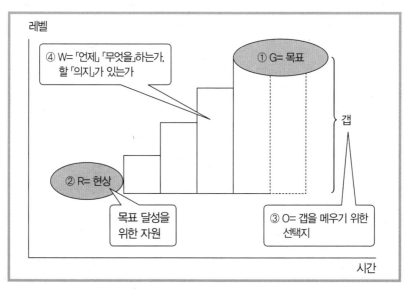

[그림 9] GROW 모델

GROW 모델이란 전항의 목표 달성 접근에 근거해 명확하게 설정해야 하는 항목을 알기 쉽게 정리한 것이라고 이해하셨을 것입니다.

그렇다면 GROW 모델에서 각각의 단계에 대해 구체적으로 그 포인트를 살펴보겠습니다.

1) Goal-목표를 명확히 한다

일단 서포트할 상대가 무엇을 목표로 하고 있는지 무엇을 이루고 싶어 하는지 어떤 상태로 있고 싶어 하는지와 같은 '목표'를 명확히 합니다. '목표'를 세우기 전에 일단 현상을 관찰해야 한다'라는 의견도 있을 것입니다. 하지만 지금 자신의 현재 상태를 정확하게 파악하려고 할 때 주제를 구분하지 않고 그 전체상을 파악하려면 그 범위는 너무나도 광대하고 깊어집니다.

올바르게 자기를 인식하는 것도 중요하지만 모든 일에 대해 긍정적으로 임하는 정신상태가 된다면 오히려 바람직한 모습인 '목표'를 명확히 하여 '그 목표에 대한 현재 상태의 자신'을 정확하게 받아들일 수 있습니다.

'목표'와 비슷한 말로 '목적'이 있습니다. 글자 그대로 '목적'이란 '눈에 보이는 과녁'이며, 자신이 향하는 방향성, 크기, 형태를 나타내고 있습니다. 기업으로 말하자면 '비전'에 해당한다고 생각해도 좋습니다. 의료기관이나 약국에서 일하는 직원에게는 '환자의 만족'이거나 '자신의 보람'이거나 '수입 증가에 따른 생활의 안정'일 것입니다. 생활습관병 개선을 위해 노력하는 환자에게는 '인슐린 주사가 없는 생활'이거나 '장래에 입원이나 합병증이 일어나지 않을 것이라는 안심'일지도 모릅니다. 따라서 '목적'이란 '목표를 달성하면 손에 넣을 수 있는 것'이라고도 바꾸어 말할 수 있습니다. 그렇기에 목적에는 '충족시킨다'라는 동사가 따라붙는 것입니다.

한편 '목표'란 목적을 충족시키기 위해 달성해야 할 지표, '눈에 보이는 표식'입니다. 따라서 그것이 얼마나 달성되는가를 객관적으로 판단하는 척도가 필요합니다. 일반 기업에서는 '매출 목표', '판매 건수' 등의 형태로 나타납니다. 물론 의료기관이나 약국에도 매출 목표가 있으며, 1일 처방전 매수나 지도, 가산료 산정률, 비용 삭감률 등이 있을지도 모릅니다. 앞서 말한 환자의 경우라면 하루 섭취 칼로리 양이거나 수영장에서 헤엄치는 거리일 것입니다. 또한 목표에는 '시간'이라는 개념도 포함되어 있습니다. 그 목표에 도달하는 시간이 명확하지 않으면 그 뒤의 행동도 명확해지지 않습니다. 그렇기에 목표는 '달성한다'라는 동사가 따라붙는 것입니다.

여기에서 중요한 점은 상대가 행동을 일으킬 때 '목적에 얼마나 매력을 갖고 있는가'라는 점입니다. 서포트하는 쪽이 아무리 '목표'의 달성을 강조했다고 해도 그것을 실행하는 입장인 사람이 목표의 끝에 있는 '목적'에 매력을 느껴 '할 기분'이 날만큼 강한 마음이 없다면 행동을 하려 하지 않기 때문입니다.

예를 들면 회사의 이익에는 그다지 관심을 나타내지 않고, 환자의 기쁨을 자신이 목적으로 삼는 약사에게 "지도료를 O건으로 하면 이번 달 목표는 달성할 거야"라고 독려하면 '물질만능주의인 일은 하고 싶지 않다'라고 반발할 뿐입니다. 그러나 "지도료의 산정 건수는 당신이 환자에게 얼마나 공헌했는지에 대한 바로미터 중 하나야."라고 말한다면 "역시, 그럴지도."라며 납득하고 자발적으로 산정 건수를 늘릴지도 모릅니다.

또한 현재 상태에서 보았을 때 너무 높은 목표의 설정도 의욕의 감퇴를 가져옵니다. '목적'에 대해 '그렇게 되면 좋겠네'라고 생각해도 '지금의 내게는 너무 무리야'라고 느낀다면 행동을 향해 한 발자국도 내딛지 못하게 됩니다.

시간적으로도 능력적으로도 '발돋움해서 손을 뻗어 점프하면 닿을 범위의 목표 설정'이 포인트입니다. SOAP 형식의 약력 작성을 해본 적이 없는 약사에게 '내일부터 모든 환자의 약력을 SOAP으로 기재해."라고 목표를 설정해 주어도 어찌할 바를 모를 뿐입니다. 이번 주는 1일 5건, 다음 주는 1일 10건이라고 상황을 보면서 단계를 높여 목표 설정을 해나가면 '이 정도라면 할 수 있어!', '해봤더니 됐어!'라는 의욕을 갖고 노력할 수 있게 됩니다.

2) Reality, Resources
– '현상을 인식'하고 자신의 '자원'을 명확히 한다

명확한 목표 설정을 하려면 현재 상태의 자신을 정확히 받아들이는 작업이 병행됩니다. 여기에서 말하는 현재 상태 인식은 자신이 노리는 목표에 대해 지금 어느 정도까지 잘 성장하고 있는가, 그를 위해 어떤 노력을 하고 어떠한 성과를 거두고 있는가를 인식하는 일입니다. 동시에 현재 상태와 목표와의 차이를 메울 때, 지금 자신은 어떤 자원(리소스)을 갖고 있는가, 지식, 기술, 자료, 인맥, 도구, 강점, 특기 분야 등 온갖 자원을 '목표 달성'의 시점에서 밝혀냅니다.

종종 우리는 필요 이상으로 자신을 비하하고 처음부터 노력을 포기하거나 반대로 지금의 실력을 과잉 평가하여 무모한 계획을 세워 좌절하곤 합니다. 부담감이나 호의가 아닌 자신을 객관적으로 받아들임으로써 적절한 목표를 설정할 수 있습니다. 또한 현재 상태나 자원을 재인식하는 과정에서 자신이 가진 의외의 자원이나 강점을 발견하여 새로운 가능성을 끌어내는 일도 있습니다.

여기서의 포인트는 '과거의 실패에 구애받지 않는다'라는 것입니다. 지금 자신의 단점을 일일이 생각하면서 어떻게든 과거의 실패 체험을 가져와 '한 번 했지만 실패했으니 내게는 무리다'라는 생각을 하게 됩니다. 그러나 어디까지나 우리가 살아가는 것은 '지금', '이곳'입니다. 과거의 행동, 과거의 감정이 현재나 미래의 자신을 기정하고 있는 것이 아닙니다. 물론 과거의 체험이 장래 행동의 힌트가 되는 경우는 많이 있습니다.

그러나 지금의 자기 자신, 자신이 처한 환경은 과거의 환경과는 다르다는 것을 제대로 인식할 필요가 있습니다. 몇 번 조제 실수를 하였다고 해서 '나는 약사가 맞지 않아'라고 비관할 필요는 없습니다. '평소에는 실수하지 않지만 가끔 실수했을 때 나는 무엇을 하고 있던 걸까'를 이해하면 미래 자신의 행동을 생각할 수 있지 않을까요.

한편 '과거의 성공체험'을 오히려 적극적으로 활용합시다. '성공했을 때, 성공 요인은 무엇이었는가?', '그때 자신은 무엇을 하고 있었는가?', '그때 주변의 상황은?', '자신의 감정은?', '지금 자신'은 이러한 것들을 '이뤄낸 자신'입니다. 물론 과거의 성공이 미래의 성공을 약속하는 것은 아닙니다. 하지만 '성공한 자신'은 분명히 이곳에 있는 자기 자신입니다. 환자에게 "고마워, 앞으로 당신에게 부탁할게."라는 말을 듣고 '약사가 되길 잘했어!'라고 생각했을 때의 자신은 무엇을 어떻게 한 걸까요. 거기에는 '환자에게 감사를 받은 자신'이 있으며, '환자에게서 감사 인사를 받을 정도로 습득한 지식이나 기술'이 있습니다. 그것이야말로 자기 자신의 귀중한 '자원'인 것입니다.

3) Options

— 선택지를 생각한다

목표와 현상을 인식할 수 있다면 그 차이를 메우기 위한 수단으로써 어떤 방법이 있는지에 대해 선택지를 만드는 단계에 들어갑니다. 목표에 대해 현재 자신에게 어떤 자원이 있는지가 명확해집니다. 그렇다면 목표를 향해 어떤 자원을 어떻게 사용하면 좋을지 부족한 부분은 어떻게 보완하면 좋을지 그 구체적인 방법을 가능한 한 많이 들어보겠습니다.

여기에서 일어나기 쉬운 일은 자신 안에서 '틀'을 만들어 그 범위 안에서 방법을 생각하는 일입니다. 예를 들어 '환자 만족도 80% 이상'이라는 목표를 내걸고, 그를 위한 노력을 한다고 생각해 보겠습니다. 여기에서 '환자와 신뢰 관계를 만들기 위해 반드시 자신의 이름을 대고 약 설명을 시작한다'라는 행동의 선택지를 들었다고 합시다. 하지만 '시간도 없고, 어차피 환자는 듣지 않을 테고, 부끄럽다'는 자신 안의 '틀' 안에서 생각해버리면 모처럼의 선택지는 검토되지 않고 '각하'됩니다. 과거의 실패 경험도 자신 안에서 틀을 만드는 요인이 되기도 합니다.

'그렇게까지 하지 않아도', '그것은 도저히 무리야'라고 생각해도 번뜩이는 생각은 모두 선택지에 남겨둡니다. 그 뒤에 '이것을 실행할 때 방해가 되는 건 무엇인가?', '그것은 정말 방해가 되는가?', '방해 요소를 제거하기 위해서는 어떻게 하면 좋은가?' 등 어디까지나 실행하는 것을 전제로 검토를 진행합니다.

명백하게 현재의 자원에서 볼 때 비현실적인 것, 비용이나 시간이 너무 많이 들어 실현하지 못할만한 것은 이 단계에서 떨쳐내면 됩니다. 남은 몇 가지의 방법 중에서 임팩트가 높고 자신도 하고 싶은 선택지를 채용하면 되지 않을까요. '자신의 이름을 내걸고 투약한다'는 것에 방해가 되는 것은 사실 스스로 통제 할 수 있는 '자기 자신'일지도 모릅니다.

4) What, When, Will
– 언제, 무엇을 하는가, 할 의지가 있는가를 확인한다

선택지를 결정했다면 '진짜로 한다'라는 의지를 확인합니다. 어째서 'Options'로 선택지를 선택하여 '할 일'을 정했는데, 새롭게 의지를 확인할 필요가 있는 걸까요? 그것은 '하기로 결정한 일'인 상태로는 '할 일은 정했지만 실행하지 않는다', '뒤로 미루고 만다'라는 일이 일어나기 쉽기 때문입니다.

저를 포함해서 독자 여러분 중에는 '알고 있지만 좀처럼 손이 가지 않는다', '매뉴얼로 하기로 결정된 일을 좀처럼 실행할 수 없다'는 경험을 가지신 분이 있지는 않은가요? 이런 상태에 빠져버리는 원인은 '언제 어떻게 할 것인가'에 대한 계획이 애매하여 '진짜로 하자!'라는 자기 자신에 대한 마음가짐이 불완전하기 때문입니다. 여기에서 필요한 것이 무엇을(What), 언제(When) 할까에 대한 구체적인 계획, 그것을 반드시 실행하자는 완고한 의지(Will)를 확인하는 스텝입니다.

앞의 예시를 생각해보면 '자신의 이름을 대고 약의 설명을 시작한다'라는 선택지를 든 경우에는 다음과 같은 사항을 생각하면 실행성이 높아집니다. '그걸 언제부터 시작할 것인가?', '누구를 대상으로 실행할 것인가?', '그때 뭐라고 인사할 것인가?', '그때 자신의 표정은?', '목소리의 톤은?', '시선은 어디를 향할 것인가?', '인사한 뒤에 약 설명으로 화제를 이동할 때의 연결어는?', '제대로 이름을 말했다는 걸 어떻게 확인할까?' 등.

실제로 해보는 단계에서 일어나는 일들이나 상황을 보다 구체적으로 떠올림으로써 실행할 자신감이 생겨나고 의지가 강해집니다. 때에 따라서는 동료의 협조를 얻어 역할 놀이를 해보는 것도 좋습니다. 그러면 '처음의 한 걸음'을 내딛을 용기가 솟아납니다. 여기까지 왔다면 다짐으로 의지(Will)를 확인합니다. '정말로 이걸 할 가치가 있는가?', '정말로 자신은 그것을 할 것인가?' 이를 확인하는 의식을 해보는 것도 좋습니다.

'이름을 댄 후의 복약 지도'라고 자신의 수첩에 써봅니다. 종이에 써서 사물함 문 뒷면에 붙여둡니다. 또는 카운터의 환자에게 보이지 않는 곳에 붙여둡니다. 직원에게 "하겠습니다."라고 선언합니다. 자신의 실행 의지를 확인하기 위해 이밖에 어떤 방법이 있을까요? 여러 가지 생각을 해보는 것도 재미있을 것입니다.

3 페이스를 정하는 것은 코치가 아닌 '상대'

이렇게 GROW 모델의 4가지 스텝을 거침으로써 막연했던 목표 달성을 향한 행동이 명확해지며, 상대는 행동에 옮길 의욕을 높여갑니다. 이 프로세스를 상사가 코치로서 후배 약사에게 또는 약사가 코치로서 환자에게 대화를 통해 진행해 나가는 것이 코칭입니다. 물론 모든 경우에서 이 스텝이 착실히 순서대로 진행되는 건 아닙니다.

'G'와 'R'을 몇 번이나 왔다 갔다 하면서 쌍방이 명확해지는 일도 있습니다. 'O'의 단계에서 새로운 이미지가 떠올라 'G'가 변하는 일도 있습니다. 짧은 시간에 GROW 모델의 4가지 단계가 완결되는 일도 있으며, 목표 설정이 몇 주에 걸쳐 이루어질 때도 있습니다. 이 페이스는 코치가 아닌 '상대'가 정합니다. 코치는 어디까지나 서포터이며, 행동하는 것은 다른 누구도 아닌 '상대'입니다.

Part 4

사례별 코칭 활용법

→ → →

여기에서는 지금까지 이야기했던 코칭 마인드, 스킬, 프로세스가 약국 현장 속에서 어떻게 활용되는지를 사례별로 다루어보고자 합니다. '복약 서포트 편'에서는 약의 복용을 잘 잊어버리는 환자에 대한 약사의 관여법을 생각해보겠습니다. '약국 내 커뮤니케이션 편'에서는 의욕을 보이지 않는 부하직원을 대하는 방법을 생각해보겠습니다. 실제 현장에서 반드시 이대로 대화가 진행된다고 할 수는 없습니다. 또한 이곳에서 제시한 방법이만이 정답이라고도 할 수 없습니다. 100명의 약사가 있으면 100개의 커뮤니케이션 방법이 있을 것입니다. 여기에서 제시한 사례를 기반으로 여러분이 꼭 독자적으로 어레인지를 해보셨으면 좋겠습니다.

1 | 복약 서포트 편 – 약 복용을 잊어버리는 환자

등장인물 소개

약국장 고치 씨
(33세, 남성)

약사 경력 10년의 베테랑.
이 약국의 관리 약사이기도 하다.
코칭을 배워서 약국 안에서 활용하기 위해
매일 분투 중. 자신도 코치를 받고 있다.

당뇨병 환자 사토 씨
(52세, 여성)

이야기하는 것을 좋아하는 주부.
취미인 정원 가꾸기로
땀을 흘리는 것도 좋아한다.
춤 연습으로 활동의 장이 훨씬 넓어졌다.

하루에 3번 SU제를 처방받고 있는 사토 씨는 식사도 신경 쓰고 있고, 매일 가사와 정원 일로 꽤 몸을 움직이고 있습니다. 하지만 가끔 약 복용을 잊어버리는 일이 있는 듯하고 약국을 방문하는 일정도 제각각입니다. 그렇다면 약사인 고치 씨는 사토 씨에 대해 어떤 복약 서포트를 하면 좋을까요?

[대 화]	[해 설]

 "사토 씨, 안녕하세요! 얼마간 뵙질 못했네요, 걱정했습니다."

◄ Check!

'사토 씨'라고 이름을 붙여 인사하고 있습니다. 또 '얼마간 뵙질 못해서 걱정했습니다.'라고 말한 것처럼 '저는 당신을 잊지 않았습니다. 소중한 환자 분이십니다'라는 인정의 메시지를 보내고 있습니다. 이렇게 해서 뒤에 "어머, 미안해요."라는 환자의 말을 들을 수 있는 것입니다.

Point ❶
처음의 한 마디에 '당신을 기다리고 있었습니다'라는 메시지를 보낸다.

"어머, 미안해요. 전에 받았던 약이 남아서 쌓여있었거든요. 마침 시간이 비어서요."

"아아, 약이 남았군요? 그런데 남은 약을 다 먹은 뒤에 새로운 약을 받으시려 하다니, 물건을 소중히 여기는 사토 씨 답네요."

◀ **Check!**

Check!

'약이 남았다'라는 것은 복용을 잊었을 수도 있습니다. 그러나 사토 씨는 이 단계에서 복용을 잊어버렸느냐고 말하지 않았습니다. '약이 남아있다'는 사토 씨의 말을 일단 처음에 받아들임으로써 사토 씨가 안심하고 이야기를 진행할 수 있게 되었습니다. 또한 '물건을 소중히 여기는 사토 씨 답네요'라고 상대를 인정하고 있습니다.

Point ❷

상대의 말과 마음을 일단 받아들인다.

※ '남아있는 약을 먹는 것은 이상하다'라고 생각할지도 모르지만 증상이 안정되고 Do처방이 계속될 때는 현실적으로 남은 약이 있으면 그것부터 복용하도록 지도하는 케이스도 많습니다. 안전성 확인을 위해 복용한 약과 그 상태를 다음 질문으로 확인합니다. 여기서는 이러한 복용 방법으로 처방의사도 포함해 콘센서스(Consensus)를 얻을 수 있다고 가정하고 모델케이스를 작성했습니다.

"그야, 그렇죠. 모처럼 받은 거고, 제대로 먹어야 하니까요."

"그렇군요. 제대로 드셔야 합니다. 그래서 남은 약은 지지난번의 약이었군요. 시트가 찢어지거나 다른 종류의 약은 아니었나요?"

"최근 1년 정도 같은 약을 계속 먹고 있으니 괜찮아요. 약도 여기서 받아 바로 약 상자에 넣었어요."

"다행이네요. 역시 약 관리는 확실하시군요. 그런데 약이 남았다는 건 혹시 약을 드시는 데 뭔가 불편한 점이라도 있었나요?"

◀ Check!

여기에서도 '역시 약 관리는 확실히 하시네요'라고 사토 씨가 하는 일을 인정하고 있습니다. 그 뒤에 복용을 잊었는지에 대해 "어째서 남은 약이 있는 겁니까?"라든지

"아니요, 불편한 점은 없었는데 점심때 약 먹는 것을 잊어버릴 때가 있어요."

"잊어먹고 안 먹은 거죠?"라고 말하지 않고, "뭔가 불편한 점이라도 있었나요?"라고 사토 씨가 대답하기 쉽게 질문합니다

> **Point ❸**
> 상대의 탓인 듯한 대답을 들을 때에는 "What"(뭐가 문제인가)으로 질문한다.

"그랬군요. 제대로 먹어야겠다고 생각은 했지만 점심에 드시는 걸 잊어버린 거군요?"

Check!

여기에서는 '제대로 먹어야겠다'는 사토 씨의 말을 사용하여 목표를 명확히 하고 있습니다. 동시에 "점심때 먹는 걸 잊어버린다."라고 말합니다. 역시 사토 씨의 말을 사용해 현재 상태를 확인합니다. 여기에서 고치 씨가 "하루 세 번 제대로 먹지 않으면 좋지 않습니다." 하고 일반적으로 잘 아는 말을 하면 사토 씨에게 "그건 알고 있는데요."라는 등의 대답이 돌아와 대화

가 진행되지 않습니다. 사토 씨가 스스로 이야기한 말이기 때문에 사토 씨의 '바람직한 모습'인 '제대로 먹는' 일을 순순히 받아들일 수 있는 것입니다.

> **Point ④**
> 목표 설정 시에는 '상대의 말'로 공통 인식을 만든다.

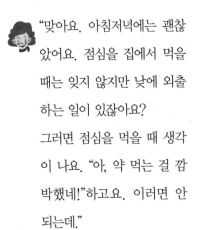

"맞아요. 아침저녁에는 괜찮았어요. 점심을 집에서 먹을 때는 잊지 않지만 낮에 외출하는 일이 있잖아요?
그러면 점심을 먹을 때 생각이 나요. "아, 약 먹는 걸 깜박했네!"하고요. 이러면 안 되는데."

"그러셨군요. 그럼 식사를 하실 때 '아, 약 놓고 왔다!'라고 생각나시는 거죠?" ◀┈ **Check!**

한 마디로 '약 복용을 잊어버렸다'라고 말해도 어느 시점에서 무엇을

"맞아요, 맞아요! 식사할 때는 생각이 나는데, 외출할 때는 약 먹는 걸 깜박 잊어버려요."

잊어버렸는지에 따라 그 뒤의 대책이 변합니다. 이번에는 '적어도 식사 때에는 약을 기억하고 있었다'라는 앞으로 제대로 약을 먹기 위한 사토 씨의 '자원'을 확인합니다. '무엇을 하고 있는가', '무엇을 하고 있지 않은가'를 명확히 함으로써 '잊어버렸다고 했지만 당신이 제대로 기억하고 있는 것도 있습니다'라는 사토 씨에 대한 인정도 하게 됩니다.

> **Point ⑤**
> 상대의 '하고 있는 일'과 '하고 있지 않은 일'을 명확히 한다.

"역시 그렇군요. 그렇다면 외출할 때 약을 가지고 가면 되겠네요?" ◀ **Check!**

현재 상태나 자원을 명확화 함으로써 목표도 명확해집니다. 여기에서는 사토 씨와의 대화를 통해 처음의 '제대로 약을 복용한다'라는 막연한 목적에서 '점심에 약을 갖고 있는다'라는 더욱 구체적인 높은 목

"맞아요. 항상 갖고 다니는 손가방에 넣어두면 되겠네요."

표가 세워집니다.

"그렇군요. 손가방에 넣어두면 좋겠네요. 그런데, 어떨 때 외출을 하세요?"

"아뇨, 대부분 밖에 나가는 날은 정해져 있어요. 매주 화요일과 목요일에 춤 연습이 있어서요. 다음 달 일요일에 발표회가 있어서 매주 두 번 외출하고 있는데 큰일이에요. 지금 배우고 있는 춤이 너무 어려워서…"

Check!

여기에서도 현재 상태를 더욱 세밀하게 인식하기 위해 열린 질문을 하고 있습니다. 그 결과, 외출이 화요일과 목요일로 거의 일정하다는 점, 그 외에 외출은 거의 하지 않는다는 점이 명확해졌습니다. 이것으로 목표로 하는 상태가 좀 더 구체적으로 되었습니다. 구체성이 높아지면 그를 위한 행동도 떠올리기 쉬워지며 불안 요소가 줄어들기 때문에 목표 달성을 위한 모티베이션(motivation)이 향상됩니다.

> **Point ⑤**
> 현상 인식을 하면서 목표를 구체화한다.

"발표회요? 좋으시겠네요. 앞으로도 계속 춤 연습을 할

Check!

복용을 잊는다는 이야기에서 춤 연

수 있도록 약도 제대로 드셔야겠네요. 그럼 매주 화요일과 목요일인 연습날 점심에 드시는 걸 깜박하시는 거죠?"

습의 이야기로 새어나가기 쉬운 상황을 사토 씨의 말을 받아들이면서 제대로 정정했습니다. 새어나간 화제를 딱 잘라버리면 사토 씨는 '내 이야기를 들어주지 않는다'라고 생각해 이야기를 많이 하지 않게 됩니다. 그렇다고 해서 신뢰 관계 구축을 위해 언제 끝날지도 모르는 춤 이야기를 계속 듣는 것도 바쁜 상황에서는 생각해 봐야 할 점입니다.

여기서 고치 씨는 판단을 요구받습니다. 환자는 그저 이야기의 흐름으로 춤 이야기를 시작한 것인가? 아니면 위의 복용을 잊어버린 이야기를 하고 싶지 않다는 거부를 나타내기 위해 다른 화제인 춤 이야기를 시작한 것인가? 이것은 앞뒤 이야기의 흐름이나 상대의 표정, 대화 방법 등을 관찰하면서 판단하게 됩니다. 이번 케이스에서는

대화의 흐름을 파악하여 전자라고 판단할 수 있을 듯합니다.

여기에서는 새어나간 화제를 한번 받아들여 본래의 주제와 관련시키면서 수정하는 방법을 취하고 있습니다. 이때는 상대의 마지막 말을 되풀이하며 이야기를 받아들이고 본래 주제와 관련시킨 이야기로 흐름을 되돌립니다. 이른바 '말 잇기 놀이'의 요령입니다. 물론 경청의 사고방식에서 생각해보면 굉장히 넌센스한 경청 방법이지만 상대가 지금 얻고 싶어 하는 것은 '점심에 약을 잊어버리지 않는 것'입니다. 서로의 공통 목표 달성을 위한 궤도 수정은 코치인 약사의 역할입니다.

Point ❼
새어나간 화제가 길어질 것 같다면 '말 잇기 놀이'를 해서 원래대로 되돌린다.

"그렇네요. 뭐, 그 밖에도 친구와 외출하는 일도 있지만 대부분 화요일이나 목요일이예요."

"그렇군요. 그러면 그 밖의 외출은 일단 두고 매주 화요일, 목요일 점심에 손가방 안에 약이 들어있으면 된다는 거군요?"

Check!

여기에서 지금까지 대화의 결과, 명확해진 목표를 공통 인식되도록 명확히 합니다. 그 이외의 외출은 당면 문제로 삼지 않는다는 것에 대해서도 사토 씨에게 확인을 하고 있습니다. 이렇게 계속 공통 인식을 반복함으로써 상대와 자신과의 생각 차이를 줄여나갈 수 있습니다.

Point ❽
세세하게 공통 인식을 확인한다.

"맞아요. 화요일과 목요일 낮에 먹는 걸 잊지 않는다면 그 후에는 그렇게 잊어버릴

일이 없어요. 하지만 외출 준
비를 할 때 약이 머릿속에
떠오르지 않아요."

"그런가요. 아침약을 드실 때
는 기억하고 있지만 나가실
때 잊어버리시는군요. 어떻
게 하면 외출 준비를 할 때
손가방 안에 약을 넣어둘 수
있을까요?"

◄─ Check!

명확해진 목표를 위한 수단(선택지)
을 상대에게 질문하고 있습니다. 사
토 씨의 생활 패턴이나 약의 관리
상황, 외출을 위한 준비 방법이나
타이밍 등은 사토 씨만 아는 것입니
다. '상대는 상대 자신의 전문가'라는
것을 잊지 말고 상대에게 질문합니
다. 이때 고치 씨는 사토 씨의 '자원'
이며, '아침에는 약을 기억한다'라는
것을 거듭 나타냄으로써 선택지를
떠올리기 쉽도록 만들고 있습니다.

> **Point ❾**
> 상대를 믿고 '선택지'를 질문한다.

"…. 아침 약을 꺼낼 때, 점
심 약을 그 자리에서 손가방

에 넣어두면 어떨까요?"

 "아, 그거 좋은 방법인데요? 아침에는 약을 잘 드시고 계시잖아요. 그러니 화요일과 목요일 아침에만 점심약을 손가방에 넣어두면 되겠군요? 이 밖에도 어떤 방법이 있을까요?"

◄ Check!

사토 씨의 아이디어가 목표를 향한 유효한 선택지라는 것을 인정합니다. 이렇게 함으로써 '스스로 생각하면 답이 나온다'라는 것을 믿게 되며 '그밖에는?'이라고 다른 선택지를 발견하는 질문을 해도 대답하기 쉬워집니다.

> **Point ⑩**
> 첫 번째 아이디어를 인정한 뒤 다른 선택지를 강구한다.

"음…. 다른 방법은 생각이 나질 않네요. 일단 지금 말한 대로 해볼게요. 약 봉투에 '화요일, 목요일은 점심약을 손가방에 넣는다.'라고 써두면 될 거예요. 그러면 잊어버리지 않을 거예요."

"아, 그게 좋겠네요. 약 봉투에 메모를 해두는 거군요. 꼭 그 방법을 써보시죠! 그 메모는 언제 쓰실 거예요?"

"집에 돌아가면 바로 쓸 거예요. 잊어버리기 전에요."

Check!

사토 씨가 선택지를 선택하여 새로운 아이디어가 떠올랐다는 것을 인정합니다. 그리고 "그 메모는 언제 쓰실 거예요?"라고 '언제', '어디서'를 확인합니다. 멋진 아이디어이기에 그것을 실행하기 위한 이미지 만들기가 반드시 필요합니다. 이미지가 명확해질수록 불명확한 요소는 감소하고, 행동이 보다 구체화됩니다. 그만큼 실현 가능성도 커집니다.

> **Point ⑪**
> 확실한 실행을 위해서는 '명확한 행동 이미지'를 만든다.

"맞아요. 잊어버리기 전에 쓰는 편이 좋겠네요. 아니면 지금 써둘까요?"

Check!

사토 씨의 '집에 돌아가서 쓴다'라는 생각의 근거는 '잊어버리기 전에'입니다. 여기에서 고치 씨는 이 '잊어버리기 전에'에 동의한 뒤에 한

번 더 사토 씨에게 '잊어버리지 않게', '확실하게 메모를 쓴다'라는 방법으로써 "지금 써둘까요?"라고 제안하고 있습니다. '잊어버리기 전에 써둔다'라는 것은 사토 씨의 의사이며, 바로 그 자리에서 완료되는 행동이니 제안을 순순히 받아들일 거라고 고치 씨는 판단한 것입니다. 이후, 고치 씨가 "이제 화요일, 목요일 아침에 손가방에 약을 넣어둘 수 있겠지요?"라고 다시 한 번 목표와의 연계성을 확인함으로써 사토 씨의 행동 의욕이 더욱 높아질 것입니다.

> **Point ⓬**
> 상대가 제안을 받아들인다면 제안과 목표의 관계를 확인한다.

"어머 그래요. 집에 돌아가면 잊어버릴지도 모르겠네요. 펜 좀 빌려주세요."

이상 코칭을 활용한 환자와의 커뮤니케이션을 보았습니다. 본장에서 읽어보면 언뜻 장황하게 빙 둘러 말하는 것처럼 보이지만 소리를 내어 읽어보면 기껏해야 4~5분 정도의 대화입니다. 대화 내용을 보면 지도의 요소는 어디에도 없습니다.

그러면 복약지도 가산료의 대상이 되는 내용이라고 생각합니다(다만, 지역에 따라 해석이 다를지도 모르니 주의해 주십시오). 이러한 대응은 어드히어런스(adherence)에 한하지 않고 환자와의 커뮤니케이션 상에서 다양하게 응용할 수 있다고 생각합니다. 꼭 시험해 주시기 바랍니다.

2 | 약국 내 커뮤니케이션 편 – 의욕이 없는 약사

등장인물 소개

약국장 고치 씨
(33세, 남성)

이 약국의 관리 약사.
경력 10년의 베테랑 약사.
코칭을 활용하여 약국 내 활성화에
매일 힘쓰고 있다.

약사 요시다 씨
(27세, 여성)

성실한 성격의 요시다 씨.
슬슬 약국의 중심 멤버로서
활약해 주었으면 하는 기대도
받고 있다.

약사 경력 4년째인 요시다 씨는 3개월 전 다른 약국에서 고치 약사의 약국으로 막 이동해왔습니다. 그럭저럭 업무도 해나가면서 환자와의 대응도 나쁘지 않으나 고치 씨에게는 조금 부족한 느낌이 있습니다. 약사 4년 차이니 후배 교육도 맡기고 싶습니다. 전에 신입 교육을 담당해 달라고 부탁했지만 "저에게는 무리입니다."라며 거절당했습니다. 고치 씨는 요시다 씨와 단둘이 이야기해보기로 했습니다.

[대 화]	[해 설]

"아, 요시다 씨. 남게 해서 미안해. 잠깐 하고 싶은 말이 있어서. 자, 앉아."

"네. 무슨 일이신가요?"

"음, 요시다 씨가 이 약국에 온 뒤에 일하는 걸 보고 있는데 조금 신경이 쓰여서 말야. 일이 정확하고 빨라서 도움이 되고 있어. 다만, 요전에 신입인 아오키 군의 교육을 거절했었잖아. 나는 요시다 씨라면 할 수 있을 거라고 생각해서 부탁한 거였거든."

◄┄┄ **Check!**

고치 씨는 요시다 씨와 마주하며 단어를 골라 요시다 씨를 인정하면서 대화의 분위기를 만들고 있습니다. '이 사람과는 이야기해도 괜찮다'라는 신뢰감과 안심을 주기 위해서 상대의 행동이나 감정을 부정하지 않고 받아들이는 것이 포인트입니다.

Point ❶
신뢰 관계를 만들어내기 위해서는 상대를 부정하지 말고 일단 받아들일 것.

"전에 말씀드린 대로 저에게 는 무리예요. 제가 맡은 일 은 제대로 하고 있고, 누구 에게도 피해를 주지 않고 있 다고 생각해요. 잘못된 게 있나요?"

"아니, 잘못된 건 없어. 요시 다 씨의 일이 확실하다는 것 은 지난 3개월간 나도 잘 봐 왔어. 환자와도 제대로 이야 기하고 있고, 약력도 알기 쉽고. 요시다 씨가 의식하지 못해도 다른 직원들은 요시 다 씨에게 배울 점이 많다고 생각해. 그래서 요시다 씨는 지금의 상태가 자신에게 이 상적인 약사라고 생각해?"

Check!

지금이 이상적인 약사상이라고 생 각하느냐고 요시다 씨에게 질문했 을 때 상대의 시각은 미래로 이동 합니다. 이렇게 함으로써 요시다 씨가 지금의 현상을 어떻게 받아들 이고 있고, 어떤 감정을 갖고 있는 지를 명확히 합니다.

"이상적인지 어떤지는 알 수 없지만 해야 할 일은 할 생

각입니다. 하지만 너무 눈에
띄고 싶지 않아요."

"그렇군…. 눈에 띄고 싶지
않은 거구나. 눈에 띄는 일
을 하면 어떻게 될 거라고
생각해?"

"싫은 말을 듣게 될 게 뻔하
잖아요? '어린게 건방지다',
'네가 그렇게 열심히 하니까
우리 일이 늘어나잖아'라는
말을 듣는 건 싫어요!"

"그건 싫지. 그런 말을 들으
면 나도 의욕이 없어질 거
야."

"그렇죠! 저도 처음에는 어
떻게 해야 환자가 기쁠까,
어떻게 하면 약국 안에서 일

Check!

여기에서 고치 씨는 '눈에 띄고 싶
지 않다'는 이야기를 듣습니다. 이
말을 계기로 요시다 씨는 전의 직
장에서의 추억을 이야기하기 시작
합니다. 이때 고치 씨는 미래에 대
해 질문하지 않고, 오직 공감하면
서 요시다 씨의 이야기를 듣고 있
습니다. 혹시 이전 약국에서 있었
던 트러블의 원인이 요시다 씨에게
있었을지도 모릅니다. 요시다 씨가
말하지 않는 다른 요인이 있었을지
도 모릅니다. 요시다 씨의 말을 그
대로 사실로 받아들인다면 그것은
큰 리스크를 수반합니다. 고치 씨
는 '요시다 씨가 어떻게 느끼는가',
요시다 씨의 이야기가 사실이라면
'같은 입장에 섰을 때 자신은 어떻

을 쉽게 할 수 있을까 열심히 생각했어요. 하지만 연배가 있는 파트타임 약사분들이라든지, 사무를 보시는 분들은 그런 걸 전혀 생각하지 않으셨어요. 어쩐지 저 혼자 붕 떠있는 기분이 싫었어요. 하지만 이전에 있던 약국의 약국장은 아무 말도 해주지 않으셨고…(침묵)"

게 느끼는가'라는 시각으로 이야기하고 있지만 요시다 씨의 직장에서 일어난 일의 사실에 대해서는 아무런 언급도 하지 않고 있습니다. 그것을 명확히 하는 것은 지금 이 자리에서는 의미가 없다고 고치 씨가 판단하고 있기 때문입니다. 지금 필요한 것은 요시다 씨가 요시다 씨다운 자신감과 의욕을 되찾아 적극적으로 일에 임하는 것이기 때문입니다.

Point ❷
상대가 이야기를 멈췄을 때는 무리하게 대화를 이끌지 말고, '멈추고 싶은 배경'을 명백히 밝힌다.

"…"

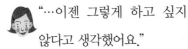

"…이젠 그렇게 하고 싶지 않다고 생각했어요."

◀── **Check!**

여기에서 고치 씨는 스스로 침묵을 깨지 않고 요시다 씨가 이야기를 꺼내기를 기다립니다. '침묵'은 상대가 자기 자신 안에 있는 감정이나 생각을 말로 변환하는 과정입니다.

"'이젠 싫다'고 생각한 거구나."

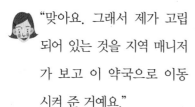 "맞아요. 그래서 제가 고립되어 있는 것을 지역 매니저가 보고 이 약국으로 이동시켜 준 거예요."

 "그렇군…. 매니저에게는 그렇게까지 자세한 이야기는 듣지 못했는데, 전 약국에서 그런 일이 있었구나. 힘든 경험을 했네."

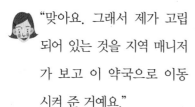 "네…. 그만둘까 하는 생각도 몇 번이나 했어요. 하지만 이동할 수 있다는 말을 듣고 이번에는 얌전히 있으려고…."

"그렇군…. 그래서 교육담당을 거절하고 약 수첩에도 그다지 적극적이지 않았던 거구나."

 "…맞아요."

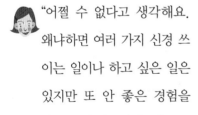 "잘 알겠어, 요시다 씨. 그런 일이 있어서 좀처럼 적극적인 태도를 보일 수 없었다는 말이잖아. 그래서 그런 자신을 지금은 어떻다고 생각해?"

◄┈┈ **Check!**

요시다 씨에게 공감하면서 지금의 자신을 어떻게 생각하는지 자신을 객관적으로 보기 위한 질문을 합니다. 여기서 요시다 씨는 완벽하게 현재 상태에 만족하고 있지는 않지만 어쩔 수 없다고 생각하고 있는 감정을 말합니다. 그리고 고치씨는 '신경 쓰이는 점이나 하고 싶은 것이 있다'는 요시다 씨 안에 묻혀있던 의욕이 얼굴을 내미는 것을 놓치지 않았습니다. 이 점을 크게 넓혀가는 질문을 인정과 함께 반복합니다.

"어쩔 수 없다고 생각해요. 왜냐하면 여러 가지 신경 쓰이는 일이나 하고 싶은 일은 있지만 또 안 좋은 경험을 하고 싶지 않으니까요."

 "음, 그렇다는 것은 이 약국에도 신경 쓰이는 점이나 하고 싶은 게 있다는 거겠지? 하지만 그걸 말하지 않을 뿐이고."

"그야 있지요. 아니, 고치 약국장님이 나쁘다는 건 아니지만 대기실 게시판에 게시하는 방법이라든지 혼잡할 때의 동선이라든지 조금 더 연구해볼 만한 부분은 있다고 생각해요."

"역시, 그건 나도 이곳이 익숙해서 눈치 채지 못했어. 좋은 걸 알려주었네. 그밖에 다른 건 없어?"

"음…, 말하기 어렵지만 신입의 교육담당을 지금 고치 약국장님이 겸임하고 계시잖아요. 제가 거절해서 그런

Point ❸
현재 상태에 대한 불만은 장래의 목표와 성장의 씨앗이다

것일지도 모르겠지만 약국
장님이 부재중일 때라든지,
손님이 왔을 때 보면 역시
당황하는 게 보여서 불안해
져요. 이 약국의 다른 직원
들은 잘 챙겨주고 말도 걸어
주지만 방식에 따라서는 좀
더 빨리 성장할 수 있을 것
같아요."

 "나도 신경이 쓰였던 점이지
만 미처 손길이 미치질 못했
네. 하지만 그 점은 눈치 채
고 있었구나? 이 약국의 직
원들이 모두 잘 챙겨주는 편
이긴 하지? 그 밖에 언제 그
런 점을 느꼈어?"

"아침에는 모두가 얼굴을 보
고 인사해주시고 이 약국에
온 날부터 자주 말도 걸어주

◀ Check!

요시다 씨의 대화 속에서 지금의
약국 직원들에 관한 말을 고치 씨
는 놓치지 않습니다. 요시다 씨가
의욕을 숨기는 계기가 되었던 '전
직장에서의 직원들과의 인간관계'
를 지금 이 직장에서 요시다 씨는
어떻게 느끼고 있는지를 묻고 있습
니다. "잘 챙겨주는 편이긴 하지?
그 밖에 어떤 때 그렇게 느꼈어?"
라고 요시다 씨의 말을 사용해 질

시고 누군가의 일이 쌓이면 당연하듯이 "도와줄까?"하고 말해주시는 점이 좋다고 생각해요. 그리고 약국에 대해 깨달은 점은 서로 비난하지 않고 지적하면서 약국이 매일 변화하고 있다는 느낌이 들어요."

문함으로써 지금의 요시다 씨와 직원의 관계를 본인이 어떻게 받아들이고 있는지 확인합니다.

Point ❹
'과거'가 아닌 '지금, 여기에서' 어떻게 느끼고 있는지를 명확히 한다.

"와, 그렇게 말해주다니 고마워. 나는 그런 약국을 만들고 싶다고 생각했었고 모두들 그렇게 생각하고 있어. 요시다 씨는 어때?"

"그건 저도 그렇게 생각해요."

"그럼, 함께 하지 않을래? 지금 요시다 씨가 깨달은 걸 모두가 해볼 수 있도록 말이

Check!

본인도 그렇게 생각한다는 요시다 씨의 말을 듣고 고치 씨는 "함께 하

야. 나도 전면적으로 응원할게."

"또 안 좋은 경험을 하게 되진 않겠죠…?"

"확실히 이 약국에도 베테랑 파트 약사나 사무를 보는 직원도 있지. 그래서 최근 3개월간 이 약국에서 일하면서 어떻게 생각했어?"

"…괜찮다고 생각했습니다. 전의 약국에서 안 좋은 경험을 해서 이 약국에서는 얌전히 지내려고 했는데, 어쩐지 저도 잘 어울리지 못했네요. 저답지 않은 느낌이 들어서."

지 않을래?"라고 커다란 제안을 합니다. 고치 씨와 직원에 대한 신뢰감, 이대로라면 잘 어울릴 수 없을 것이라는 자기 자신에 대한 위화감을 요시다 씨가 가지고 있다고 고치 씨가 느꼈기 때문에 할 수 있는 제안입니다. 요시다 씨는 기본적으로 OK이지만 마음속에 걸리는 '벽'(또 안 좋은 경험을 하게 될지도 모른다는 의문)을 말로 표현합니다. 이 점을 고치 씨는 "어떻게 생각해?"라고 되물음으로써 요시다 씨 자신이 대답을 도출하여 막연했던 이 약국의 직원에 대한 신뢰감 정도를 확인합니다.

Point ❺
실행하는 일에 대한 장애는 '상대의 말'로 제외시킨다.

"그렇군. 얌전히 지내는 건 요시다 씨답지 않았던 거구나. 그럼, 요시다 씨다운 요시다 씨는 어떤 느낌이지?"

 "할 말은 하고, 할 일은 하는 타입입니다(웃는다)."

 "좋네. 그럼, 바로 내일부터 무슨 말을 하고 무슨 일을 해줄 수 있을까?"

 "게시물은 조례에서 제안하게 해주십시오. 그 뒤에 제가 수정하겠습니다. 그리고…"

 "… 그리고?"

 "신입인 아오키 씨의 교육담당은 제가 하게 해주세요!

◀ **Check!**

'요시다 씨가 요시다 씨답게'라는 상태를 질문하고, 그에 대답하면서 요시다 씨가 웃었습니다. 그리고 고치 씨는 처음으로 "내일부터 무슨 말을 하고 무슨 일을 해줄 수 있을까?"라고 미래에 관한 구체적인 질문을 합니다. 요시다 씨는 지금까지 고치 씨와의 대화 속에서 자기 자신답게 존재하기 위한 벽이 되었던 불안을 제외할 수 있었으므로 스스로 적극적으로 일하겠다고 선언합니다.

또한 고치 씨는 자신을 포함한 직원이 모두 협력해 나갈 거라는 자세를 명확하게 전달함으로써 요시다 씨의 뜻을 더욱 확고하게 만들고 있습니다. 이때 고치 씨는 요시다 씨가 안심하고 행동하기 위한 '리소스'가 됩니다.

어쩐지 할 수 있을 거 같은
생각이 들어요!"

Point ❻
코치로서 상대에게 관여하고 '리소스'
로서 상대를 지지하자.

"좋아. 그렇게 말해 주어 기
뻐. 그럼 아오키 군은 요시
다 씨에게 맡길게. 내일 아
오키 군과 약국 직원들에게
도 내가 발표할게. 하지만
혼자서 너무 많은 걸 감당
하려고 하지 마. 요시다 씨
말처럼 이곳의 직원들은 모
두 다른 사람들을 잘 챙겨
주는 사람들이니까."

"네. 이곳에서는 도와달라고
말 할 수 있을 것 같아요.
곤란할 때는 꼭 상담에 응
해 주세요."

"물론이지. 전적으로 응원할
게(웃는다)."

의욕을 보이시 않던 요시다 씨. 사실은 의욕이 있었음에도 이전의 경험이 트라우마가 되어 앞으로 나서지 못했습니다. 이 세상에 의욕이 없는 사람은 한 명도 없습니다. 약사의 세계에 들어온 이상 누구든 처음에는 뜻이 있었을 것입니다. 그것이 경험이 쌓이면서 빛을 잃어가고 마음 깊숙이 뜻을 묻어버린 사람도 있습니다. 그런 사람에게 처음부터 코칭 스탠스에 따른 접근으로 '당신의 미래 목표는?'하고 물어도 대답은 돌아오지 않습니다. 일단 상대의 내면에서 '무엇이 일어나고 있는가'를 아는 것부터 시작합니다.

약국 내 커뮤니케이션 속에서 코칭이 어떻게 기능하는지를 보았습니다. 물론 약국장은 코칭만 하면 되는 존재가 아닙니다. 상대의 상황을 함께 생각하여 지도나 조언도 해나가야 합니다. 이번 케이스에서는 긍정적으로 행동하고 있지 않은 직원에 대해 처음에는 가만히 상대의 이야기를 듣는 카운슬링 스탠스로 접근을 하였습니다. 그러는 중에 상대를 천천히 관찰하고 아주 작은 변화를 받아들이면서 코칭 스탠스에 따른 접근으로 옮겨갔습니다.

고치 씨는 요시다 씨에 대해 절대로 '이 녀석은 의욕이 없구나! 뭐라고 말해도 소용없을 거야'라고 생각하지 않았습니다. 실은 의욕도 있고 능력도 있지만 어떤 계기가 있어서 나타나지 않은 것뿐이라고 믿었습니다. 그렇기에 경청이나 질문, 제안, 인정과 같은 코칭 스킬이 기능한 것입니다.

이 대화 또한 천천히 이야기해도 10분이 걸리지 않습니다. 업무에 쫓기는 바쁜 날들의 연속이겠지만 틈새 시간을 찾아 조금이라도 커뮤니케이션을 해보면 분명 직원 간에 상호 이해가 깊어져 쾌적하고 기분 좋은 직장을 구축할 수 있을 것이라 생각합니다.

참 고 문 헌

1) John Whitmore, 기요카와 유키미(역): 처음 시작하는 코칭, 소프트 뱅크 퍼블리싱, 2003

2) 이토 마모루: 코칭 매니지먼트, 디스커버, 2002

3) 에노모토 에이고: 부하를 성장시키는 코칭, PHP 연구소, 1999

4) Laura Whitworth, Henry Kimsey-House, Phil Sandahl, CTI 재팬(역): 코칭 바이블, 도요구경제신보사, 2002

5) W. Timothy Gallwey, 고토 신야(역): 신 이너게임, 일간스포츠출판사, 2000

6) 혼마 마사히토: 도해 비지니스, 코칭 입문, PHP 문고, 2003

7) 스즈키 요시유키: '칭찬하기' 기술, 일본실업출판사, 2002

8) 혼마 마사히토: 사람을 성장시키는 '꾸짖기'의 기술, 다이아몬드사, 2003

9) 혼다 카츠지: 멘토링 기술, 2000

10) 고쿠부 야스타카: 카운셀링 이론, 세이신쇼보, 1980

11) 혼마 마사히토, 츠바키 케이코: 입문캠프텐십, PHP 연구소, 2004

12) Patricia Cranton, 이리에 나오코(역): 성인의 학습을 갈고 닦기, 오오토리쇼보, 2003

13) 시마 소리: 퍼포먼스 매니지먼트, 코메다출판, 2003

14) 이이시마 카츠미: 외래에서의 행동의료학, 일본의사신보사, 1997

15) 폴 허시·켄·브란처드: 행동 과학의 전개, 생산성출판서, 2000

16) Stephen P. Robbins, 타카키 하레오(감역): 조직 행동의 매니지먼트, 다이아몬드사, 1997

17) 다오 마사오(편), 타카키 오사무(감): 조직행동의 사회심리학-시리즈 21세기의 사회심리학2, 기타오지쇼보, 2001

18) 무나카타 단지: 행동과학에서 본 건강과 병, 메디컬 프랜드사, 1996

19) 가쿠야마 츠요시, 고니시 케이시, 미츠보시 무네오, 와타나베 하니(편저): 기초부터 배우는 심리학, 브레인출판, 2003

20) 미즈다 게이조, 사이도 미노루(편저): 그림과 일러스트로 읽는 인간관계, 후쿠무라 출판, 2001

21) Basanti Majumdar, 타케오 케이코: PBL노스스메, 학연, 2004

22) Barbara McVan: 환자 교육의 포인트, 타케야마 마치코(역), 의학서원, 2001

23) Joy Dukbury: 어려운 환자와의 커뮤니케이션 스킬, 하지로 세이(역), 2003

24) William n. Tindall, Robert S. Beardsley, Carole L, Kmberlin, 히라이 미도리, 쿠스모토 타카시(감역) : 약국에서의 커뮤니케이션 능력 개발과 실천, 지호, 2002

25) 호사카 류, 마치다 이즈미, 아리타 에츠코: 스킬 업을 위한 의료 커뮤니케이션, 난잔도, 2002

26) Melanie J, Rantucci, 사토 코이치, 이테구치 나오코(역): 약사의 카

운슬링 핸드북, 지호, 2005

27) 파마슈티컬 커뮤니케이션 연구회(편): 파마슈티컬, 커뮤니케이션 기초
편, 난잔도, 2005

28) 반유제약: 머쿠 메뉴얼 가정판, http://mmh.banyu.co.jp/mmhe2j/
sec02/ch010/ch010c.html

찾아보기

도서출판 정다와 출간 리스트
https://jungdawabook.wixsite.com/dmbook

따라만 하면 달인이 되는 황은경 약사의 **나의 복약지도 노트**

황은경 | 259p | 19,000원

이 책은 2010년대 약사사회의 베스트셀러로 기록되고 있다. 개국약사가 약국에서 직접 경험하고 실천한 복약지도와 약국경영 노하우가 한 권의 책에 집약됐다. 황은경 약사가 4년 동안 약국경영 전문저널 (주)비즈엠디 한국의약통신 파머시 저널에 연재한 복약지도 노하우를 한 권의 책으로 묶은 것이다. 환자 복약상담 및 고객서비스, 약국 관리 및 마케팅 분야에 대한 지식을 함축하고 있어 약국 성장의 기회를 잡을 수 있다.

약료지침안

유봉규 지음 | 406p | 27,000원

'약료지침안'은 의사의 '진료지침'과 똑같이 약사가 실천하는 복약지도 및 환자 토털 케어에 가이드라인 역할을 할 수 있는 국내 최초의 지침서이다.

이 책은 갑상선 기능 저하증, 고혈압, 녹내장, 당뇨병 등 약국에서 가장 많이 접하는 질환 18가지를 가나다순으로 정리하였으며, 각 질환에 대해서도 정의, 분류, 약료(약료의 목표, 일반적 접근방법, 비약물요법, 전문의약품, 한방제제, 상황별 약료), 결론 등으로 나눠 모든 부분을 간단명료하게 설명하고 있다.

특히 상황별 약료에서는 그 질환과 병행하여 나타나는 증상들을 빠짐없이 수록하고 있다. 예를 들어 고혈압의 상황별 약료에서는 대사증후군, 당뇨병, 노인, 심장질환, 만성콩팥, 임신 등 관련 질병의 약료를 모두 해설하고 있는 것이다.

김연흥 약사의 복약 상담 노하우

김연흥 | 304p | 18,000원

이책은 김연흥 약사가 다년간 약국 임상에서 경험하고 연구했던 양·한방 복약 상담 이론을 총 집대성 한 것으로, 질환 이해를 위한 필수 이론부터 전문적인 복약 상담 노하우까지, 더 나아가 약국 실무에 바로 적용시킬 수 있는 정보들을 다양한 사례 중심으로 함축 설명하고 있다. 세부 항목으로는 제1부 질환별 양약 이야기, 제2부 약제별 생약 이야기로 구성돼 있다.

최신 임상약리학과 치료학

최병철 | 본책 328p | 부록 224p | 47,000원

이 책은 2010년 이후 국내 및 해외에서 소개된 신약들을 위주로 약물에 대한 임상약리학과 치료학을 압축 정리하여 소개한 책이다. 책의 전반적인 내용은 크게 질병에 대한 이해, 약물치료 및 치료약제에 대해 설명하고 있다.

31개의 질병을 중심으로 약제 및 병리 기전을 이해하기 쉽도록 해설한 그림과 약제간의 비교 가이드라인을 간단명료하게 표로 정리한 Table 등 150여 개의 그림과 도표로 구성되어 있다. 또 최근 이슈로 떠오르고 있는 '치료용 항체'와 '소분자 표적 치료제'에 대해 각 31개를 특집으로 구성했다. 부록으로 제작된 '포켓 의약품 인덱스'는 현재 국내에 소개되어 있는 전문의약품을 21개 계통별로 분류, 총 1,800여 품목의 핵심 의약품이 수록되어 있다.

노인약료 핵심정리

엄준철 | 396p | 25,000원

국내에서 최초로 출간된 '노인약료 핵심정리'는 다중질환을 가지고 있는 노인들을 복약 상담함에 앞서 약물의 상호작용과 부작용 그리고 연쇄처방 패턴으로 인해 발생하는 다약제 복용을 바로 잡기 위해 출간됐다. 한국에서 노인약료는 아직 시작 단계이기 때문에 미국, 캐나다, 호주, 영국 등 이미 노인약료의 기반이 잘 갖추어진 나라의 가이드라인을 참고 분석하였으며, 약사로서의 경험과 수많은 강의 경력을 가진 저자에 의해 우리나라의 실정에 맞게끔 필요한 정보만 간추려 쉽게 구성되었다.

알기 쉬운 **약물 부작용 메커니즘**

오오츠 후미코 ㅣ 304p ㅣ 22,000원

"지금 환자들이 호소하는 증상, 혹시 약물에 따른 부작용이 아닐까?"
이 책은 환자가 호소하는 49개 부작용 증상을 10개의 챕터별로 정리하고, 각 장마다 해당 사례와 함께 표적장기에 대한 병태생리를 설명함으로써 부작용의 원인을 찾아가는 방식을 보여주고 있다.
또 각 장마다 부작용으로 해당 증상이 나타날 수 있는 메커니즘을 한 장의 일러스트로 정리함으로써 임상 약사들의 이해를 최대한 돕고 있다.

문 열기부터 문닫기까지 필수 실천 **약국 매뉴얼**

㈜위드팜 편저 ㅣ 248p ㅣ 23,000원

'약국매뉴얼'은 위드팜이 지난 14년 간 회원약국의 성공적인 운영을 위해 회원약사에게만 배포되어 오던 지침서를 최근 회원약사들과 함께 정리하여 집필한 것으로 개설약사는 물론 근무약사 및 약국 직원들에게도 반드시 필요한 실무지침서이다.
주요 내용은 약국 문 열기부터 문 닫기까지 각 파트의 직원들이 해야 할 업무 중심의 '약국운영매뉴얼', 고객이 약국 문을 들어섰을 때부터 문을 닫고 나갈 때까지 고객응대 과정에 관한 '약국고객만족서비스매뉴얼' 등으로 구성돼 있다.

腸(장)이 살아야 내가 산다 -유산균과 건강-

김동현·조호연 ㅣ 192p ㅣ 15,000원

이 책은 지난 30년간 유산균에 대해 연구하여 국내 최고의 유산균 권위자로 잘 알려진 경희대학교 약학대학 김동현 교수와 유산균 연구개발에 주력해온 CTC바이오 조호연 대표가 유산균의 인체 작용과 효능 효과를 제대로 알려 소비자들이 올바로 이용할 수 있도록 하기 위해 집필한 것으로써, 장과 관련된 환자와 자주 접촉하는 의사나 약사 간호사 등 전문인 들이 알아두면 환자 상담에 크게 도움을 줄 수 있는 내용들이 많다.
부록으로 제공된 유산균 복용 다섯 가지 사례에서는 성별, 연령별, 질병별로 예를 들고 있어 우리들이 직접 체험해보지 못한 경험을 대신 체득할 수 있도록 도와주고 있다.

글로벌 감염증
닛케이 메디컬 ǀ 380p ǀ 15,000원

'글로벌 감염증'은 일본경제신문 닛케이 메디컬에서 발간한 책을 도서
출판 정다와에서 번역 출간한 것으로서 70가지 감염증에 대한 자료를
함축하고 있다. 이 책은 기존 학술서적으로서만 출판되던 감염증에 대
한 정보를 어느 누가 읽어도 쉽게 이해할 수 있도록 다양한 사례 중심
으로 서술했으며, 감염증별 병원체, 치사율, 감염력, 감염경로, 잠복기
간, 주요 서식지, 증상, 치료법 등을 서두에 요약해 한 눈에 이해할 수
있게 했다.

환자와의 트러블을 해결하는 '기술'
오노우치 야스히코 ǀ 231p ǀ 15,000원

이 책은 일본 오사카지역에서 연간 400건 이상 병의원 트러블을 해결
해 '트러블 해결사'로 불리는 오사카의사협회 사무국 직원 오노우치
야스코에 의해 서술되었다.
저자는 소위 '몬스터 페이션트'로 불리는 괴물 환자를 퇴치하기 위해서
는 '선경성' '용기' '현장력' 등 3대 요소를 갖춰야 한다고 강조한다. 특
히 저자가 직접 겪은 32가지 유형을 통해 해결 과정을 생생히 전달하
고 있으며, 트러블을 해결하기 위해 지켜야 할 12가지 원칙과 해결의
기술 10가지를 중심으로 보건의료계 종사자들이 언제든지 바로 실무
에 활용할 수 기술을 제시하고 있다.

환자의 신뢰를 얻는 의사를 위한 **퍼포먼스학 입문**
사토 아야코 ǀ 192p ǀ 12,000원

환자의 신뢰를 얻는 퍼포먼스는 의·약사 누구나 갖춰야 할 기본 매너
이다. 이 책은 일본대학예술학부교수이자 국제 퍼포먼스연구 대표 사
토 아야코씨가 〈닛케이 메디컬〉에 연재하여 호평을 받은 '의사를 위한
퍼포먼스학 입문'을 베이스로 구성된 책으로서, 의사가 진찰실에서 환
자를 상담할 때 반드시 필요한 구체적인 테크닉을 다루고 있다. 진찰실
에서 전개되는 다양한 케이스를 통해 환자의 신뢰를 얻기 위한 태도,
표정, 말투, 환자의 이야기를 듣는 방법과 맞장구 치는 기술 등 '메디컬
퍼포먼스'의 구체적인 테크닉을 배워볼 수 있다.

병원 CEO를 위한 개원과 경영 7가지 원칙

박병상 | 363p | 19,000원

'병원 CEO를 위한 개원과 경영 7가지 원칙'은 개원에 필요한 자질과 병원 경영 능력을 키워줄 현장 노하우를 담은 책이다.

이 책은 성공하는 병원 CEO를 위해 개원을 구상할 때부터 염두에 두어야 할 7가지 키워드를 중심으로 기술하였다.

가까운 미래에 병원CEO를 꿈꾸며 개원을 준비하는 의사들과 병원을 전문화하거나 규모 확장 등 병원을 성장시키고자 할 때 길잡이가 될 것이다.

임종의료의 기술

히라카타 마코토 | 212p | 15,000원

임상의사로 20년간 1,500명이 넘는 환자들의 임종을 지켜본 저자 히라가타 마코토(平方 眞)에 의해 저술된 이 책은 크게 세 파트로 나뉘어져 있다. 첫 파트인 '왜 지금, 임종의료 기술이 필요한가'에서는 다사사회(多死社會)의 도래와 임종의료에 관한 의료인의 행동수칙을 소개하였고, 두 번째 파트에서는 이상적인 죽음의 형태인 '노쇠(老衰)'를 다루는 한편 노쇠와 다른 경위로 죽음에 이르는 패턴도 소개하였다. 그리고 세 번째 파트에서는 저자의 경험을 바탕으로 환자와 가족들에게 병세를 이해시키고 설명하는 방법 등을 다루고 있다. 뿐만 아니라 부록을 별첨하여 저자가 실제로 경험한 임상사례를 기재하였다.

치과의사는 입만 진료하지 않는다

아이다 요시테루 | 176p | 15,000원

이 책의 핵심은 치과와 의과의 연계 치료가 필요하다는 것이다. 비록 일본의 경우지만 우리나라에도 중요한 실마리를 제공해 주는 내용들로 가득하다. 의과와 치과의 연계가 왜 필요한가? 저자는 말한다. 인간의 장기는 하나로 연결되어 있고 그 시작은 입이기 때문에 의사도 입안을 진료할 필요가 있고, 치과의사도 전신의 상태를 알지 못하면 병의 뿌리를 뽑는 것이 불가능 하다고. 저자는 더불어 치과의료를 단순히 충치와 치주병을 치료하는 것으로 받아들이지 않고, 구강 건강을 통한 전신 건강을 생각하는 메디코 덴탈 사이언스(의학적 치학부) 이념을 주장한다.

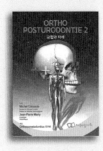

교합과 자세
Michel Clauzade ·Jean-Pierre Marty | 212p | 120,000원

자세와 교합, 자세와 치아 사이의 관계를 의미하는 '자세치의학 (Orthopo sturodontie)' 이라는 개념은 저자 미셸 클로자드와 장피에르 마티가 함께 연구하여 만든 개념으로써, 자세학에서 치아교합이 핵심적인 역할을 지니고 있다는 사실을 보여준다.

'교합과 자세'는 우리가 임상에서 자주 접하는 TMD 관련 증상들의 원인에 대해 생리학적 관점보다 더 관심을 기울여 자세와 치아에 관한 간단한 질문들, 즉 치아 및 하악계가 자세감각의 수용기로 간주될 수 있는 무엇인가? 두 개 하악계 장애가 자세의 장애로 이어질 수 있는 이유는 무엇인가?에 대한 질문들에 답을 내놓고 있다.

일본 의약관계 법령집
도서출판 정다와 | 368p | 30,000원

'일본 의약관련 법령집'은 국내 의약관련 업무에서 일본의 제도나 법률이 자주 인용, 참조되고 있음에도 불구하고 마땅한 자료가 없는 가운데 국내 최초로 출간되었다.

책의 구성은 크게 약제사법(藥劑師法), 의약품·의료기기 등의 품질·유효성 및 안전성 확보 등에 관한 법률(구 藥事法), 의사법(醫師法), 의료법(醫療法) 및 시행령, 시행규칙의 전문과 관련 서류 양식이 수록되어 있다.

미녀와 야채
나카무라 케이코 | 208p | 13,000원

'미녀와 야채'는 일본 유명 여배우이자 시니어 야채 소믈리에인 나카무라 케이코(中村慧子)가 연구한 7가지 다이어트 비법이 축약된 건강 다이어트 바이블이다.

나카무라 케이코는 색깔 야채 속에 숨겨진 영양분을 분석하여 좋은 야채를 선별하는 방법을 제시하였으며, 야채를 먹는 방법에 따라 미와 건강을 동시에 획득할 수 있는 비법들을 이해하기 쉽게 풀어썼다.

100세까지 성장하는 뇌의 훈련 방법
가토 도시노리 | 241p | 15,000원

1만 명 이상의 뇌 MRI를 진단한 일본 최고 뇌 전문의사 가토 도시노리(加藤 俊德)가 집필한 '100세까지 성장하는 뇌 훈련 방법'은 뇌 성장을 위해 혼자서도 실천할 수 있는 25가지 훈련 방법을 그림과 함께 상세히 설명하고 있다.

이 책에서는 "사람의 뇌가 100세까지 성장할 수 있을까?"에 대한 명쾌한 해답을 주기 위하여 중장년 이후에도 일상적인 생활 속에서 뇌를 훈련하여 성장시킬 수 있는 비결을 소개하고 있다. 또 집중이 잘 안 되고, 건망증이 심해지는 등 여러 가지 상황별 고민을 해소하기 위한 뇌 트레이닝 방법도 간단한 그림을 통해 안내하고 있어 누구나 쉽게 실천해 나갈 수 있다.

내과의사가 알려주는 건강한 편의점 식사
마츠이케 츠네오 | 152p | 15,000원

편의점 음식에 대한 이미지를 단번에 바꾸어주는 책이다. 이 책은 식품에 대한 정확한 정보를 제공함으로써 좋은 음식을 골라먹을 수 있게 해주고 간단하게 건강식으로 바꾸는 방법을 가르쳐준다.

내과의사이자 장 권위자인 저자 마츠이케 츠네오는 현재 먹고 있는 편의점 음식에 무엇을 추가하면 더 좋아지는지, 혹은 어떤 음식의 일부를 빼면 더 좋은지 알려준다. 장의 부담이나 체중을 신경쓴다면 원컵(One-cup)법으로 에너지양과 식물섬유량을 시각화시킬 수 있는 방법을 이용할 수 있다.